Quem é Você para Julgar?

Quem É Você para Julgar?

Aprendendo a Distinguir entre as Verdades, as Meias-Verdades e as Mentiras

Erwin W. Lutzer

Traduzido por
Luis Aron de Macedo

CPAD

Título do original em inglês: *Who Are You to Judge?*
Moody Press, Chicago, Illinois, EUA
Primeira edição em inglês: 2002
Tradução: Luis Aron de Macedo

Preparação dos originais: Luciana Alves
Revisão: Alexandre Coelho
Capa: Alexander Diniz
Projeto gráfico e editoração: Joede Bezerra

CDD: 248 – Vida Cristã
ISBN: 85.263.0666-9

As citações bíblicas foram extraídas da versão Almeida Revista e Corrigida, edição de 1995, da Sociedade Bíblica do Brasil, salvo indicação em contrário.

Para maiores informações sobre livros, revistas, periódicos e os últimos lançamentos da CPAD, visite nosso site: http://www.cpad.com.br.

SAC — Serviço de Atendimento ao Cliente: 0800-701-7373

Casa Publicadora das Assembléias de Deus
Caixa Postal 331
20001-970, Rio de Janeiro, RJ, Brasil

1ª edição/2005

A John Armstrong,
mentor, companheiro de oração,
e, acima de tudo, amigo.

"Dou graças ao meu Deus todas as vezes que me lembro de vós."
Filipenses 1.3

SUMÁRIO

ANTES DE COMEÇAR

Houve um tempo em que a verdade importava.

Às vezes, a verdade importava tanto que o amor ficava em segundo plano. Leia alguns escritos dos reformadores e você se convencerá de que era muito freqüente a verdade eclipsar a caridade, e a pessoa ter razão sempre era mais importante que ser amável. Fico imaginando o que poderia ter acontecido se John Knox tivesse mostrado à Mary, rainha dos escoceses, um pouco mais de polidez e compaixão nos diálogos com ela. Claro que nunca saberemos, mas talvez o coração dela tivesse se comovido pela fé reformada e os conflitos amargos poderiam ter ficado mais tolerantes. Podemos dizer o mesmo com relação ao debate acalorado entre Lutero e Zwinglio, e o rancor entre Calvino e Serveto, que foi queimado na fogueira em Genebra. Um pouco de entendimento teriam abrandado essas controvérsias.

Em nossos dias, temos nos inclinado ao oposto extremo. O amor substituiu a verdade e, no que tange à unidade, é mais importante que qualquer doutrina — inclusive o evangelho. Melhor tolerar a heresia — prossegue o argumento — do que parecer desamoroso para o mundo. Sob a égide da unidade, quase que toda a divergência doutrinária é tolerada e violações de moralidade são prontamente perdoadas.

Podemos não gostar de todas as atitudes dos reformadores, mas o exemplo deles é um antídoto necessário a nossas atitudes e estilos de vida permissivos. Eles nos diriam que ninguém jamais conseguiu o céu só porque era amoroso; se alguém deseja o céu, necessita da verdade. Também nos avisariam que existe essa coisa de unidade baseada em erro. Jesus demonstrou que um espírito de amor não é incompatível com as advertências acerca do erro e até mesmo da denúncia de falsos mestres.

Entretanto, aonde colocamos o limite? Em que ponto temos de dizer: "Chega!"? Não queremos divergir nas questões dispensáveis; não queremos tratar os outros crentes com uma atitude arrogante, como se fôssemos os únicos a estar certos. Mas, ao mesmo tempo, temos de soar a trombeta; temos de conclamar a Igreja para que ela seja distinta do mundo. Temos de estimar e defender a verdade, mesmo quando tivermos de arriscar ser mal-entendidos ou causar um rompimento na comunhão pessoal.

Este é um livro sobre *discernimento*, a competência de distinguir o falso do verdadeiro, ou melhor, o falso do meio-verdadeiro. Não espero que todos os cristãos concordem comigo sobre os diversos assuntos tratados nas páginas que se seguem, porém gostaria de pensar que esta obra desencadeará alguns diálogos necessários sobre tais temas. Ficaria mais contente se juntos pensássemos em como as dimensões religiosas e morais de nossa cultura têm afetado a Igreja e o que deveria ser feito a respeito. Esta é a tarefa para a qual somos chamados.

Em sua maior parte, não nomeei em minha discussão os nomes dos que optaram por intuições pessoais e pretensas profecias em troca da sã doutrina. Minha intenção é dar os princípios básicos necessários para a avaliação. Evangelistas, pastores, curandeiros de fé e profetas vêm e vão, mas a Palavra de Deus permanece.

Junte-se a mim em uma viagem. Exploremos juntos o modo como podemos recolocar corretamente os limites que distinguem a Igreja do mundo. Dediquemo-nos com amor à tarefa de advertir, reprovar e instruir uns aos outros com a esperança de recuperar o solo precioso que foi perdido à medida que fomos inundados pelo espírito do mundo.

A tarefa é urgente. Peçamos a força de Deus para fazer o que precisa ser feito.

ERWIN LUTZER
IGREJA MEMORIAL MOODY, 2002

1

POR QUE TEMOS MEDO DE JULGAR?

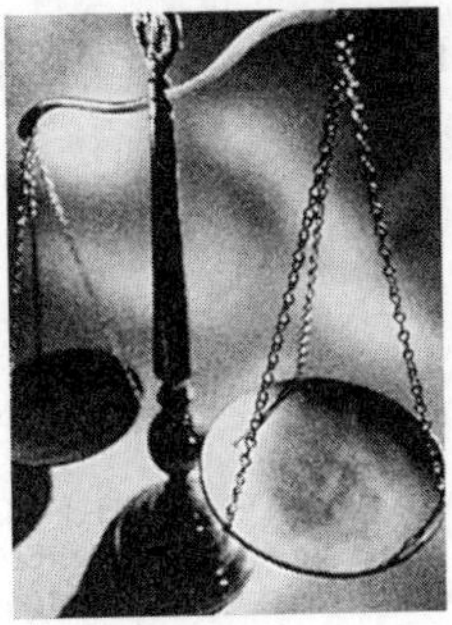

O Futuro é Hoje

A Igreja deve estar no mundo como um navio no oceano; todavia, quando o oceano inunda o navio, este passa por grandes dificuldades, tendendo a afundar. Temo que o navio evangélico esteja afundando. O mundo está se infiltrando tão rapidamente na Igreja, que ficamos imaginando por quanto tempo a embarcação poderá ficar flutuando. A Igreja, que é chamada para influenciar o mundo, encontra-se influenciada *por* ele.

Se nós, na função de representantes de Cristo, mal nos mantemos flutuando, como esperaremos salvar uma sociedade que está afundando? Aceitamos os valores do mundo; seu entretenimento, sua moral, suas atitudes. Também aceitamos sua tolerância, sua insistência em nunca desafiarmos as convicções particulares das pessoas, quer dentro quer fora da Igreja. Diante das pressões culturais, ficamos confusos, hesitantes em agir, incapazes de dar um testemunho amoroso, mas convincente, ao mundo.

Claro que também há muitos sinais esperançosos em nossa cultura. Há igrejas e indivíduos que estão causando grande impacto em prol do evangelho, e por isto somos gratos. Contudo, em sua maioria, como cristãos, nos estabelecemos num tipo confortável de cristianismo que exige muito pouco e, por sua vez, faz pouca diferença na cultura mais ampla. Quando o mundo dá um passo em nossa direção, nós o abraçamos sem remorso. Porém, a igreja que fez as pazes com o mundo é incapaz de mudá-lo.

> PERDEMOS A COMPETÊNCIA DE JULGAR O MUNDO PORQUE PERDEMOS A COMPETÊNCIA DE NOS JULGAR.

Hoje, há o mito que diz que o mundo é mais tolerante que outrora, porque aceita "ambos os pontos de vista". Se numa das esquinas de nossa cidade alguém perguntar: "O que você acha de Jesus Cristo?", receberá provavelmente uma resposta favorável. Ele seria descrito como um bom mestre ou como alguém que nos ensinou sobre o amor. Entretanto, temos certeza de que o mundo fala bem dEle, porque na verdade não compreende quem de fato foi (e é) Jesus, e por que veio à terra.

Ouça as próprias palavras de Jesus: "Se o mundo vos aborrece, sabei que, primeiro do que a vós, me aborreceu a mim. Se vós fôsseis do mundo, o mundo amaria o que era seu, mas, porque não sois do mundo, antes eu vos escolhi do mundo, por isso é que o mundo vos aborrece" (Jo 15.18,19). Em geral, o mundo de hoje só tem uma opinião favorável em relação a Cristo porque o interpreta mal.

Lembre-se deste axioma: Quanto mais o mundo entende o propósito da vinda de Jesus, mais o odeia. O que o mundo valoriza, Cristo menospreza; o que Ele ama, o mundo odeia. Anos atrás, F. B. Meyer escreveu: "Entre tais opostos irreconciliáveis como a Igreja e o mundo não pode haver senão antagonismo e discussão. Cada um estima e busca o que o outro rejeita por ser desprezível. Cada um é dedicado a fins que são hostis aos mais preciosos interesses do outro".[1] E veja só, a maioria dos cristãos acha que é possível seguir Jesus sem abandonar os princípios que o mundo nos apresenta.

Gerações atrás, ouvíamos sermões intitulados "Separação Bíblica", quer dizer, pregações sobre a convicção que temos de nos separar do que desagrada a Deus e de nos comprometer com os valores e crenças da Bíblia. Éramos advertidos de coisas como cinema, álcool, tabaco e um pequeno agrupamento de outros pecados. Este tipo de instrução tinha suas limitações, porque a piedade era definida em termos do que não devíamos fazer. Mas pelo menos éramos ensinados que algumas coisas eram certas e outras, erradas; havia uma tentativa, ainda que imperfeita, de distinguir a Igreja do mundo.

Minha geração afirmou ser mais sábia que nossos pais. Dissemos que a lista de "pecados mundanos" era artificial e que tínhamos de tomar nossas próprias decisões sobre esses assuntos. Os cristãos mais velhos, que conheciam o coração melhor que nós, avisaram que se começássemos a tolerar o mundanismo desencadearíamos um "efeito dominó" e chegaria o dia em que a Igreja ficaria cheia de "crentes mundanos".

Esse dia é hoje.

As pesquisas de opinião pública mostram que a diferença entre a Igreja e o mundo é, de certa forma, indistinguível. Os pecados que estão no mundo acham-se na Igreja: imoralidade, pornografia, entretenimento picante, materialismo, etc. Oficialmente, acreditamos que sem confiar em Jesus como Salvador as pessoas estão perdidas; extra-oficialmente, agimos como se o que as pessoas crêem e o modo como realmente se comportam não tivessem importância. Não é de admirar que nossa luz tenha ficado tremeluzente e nosso sal tenha perdido o sabor.

Muitos reputam que não temos o direito de julgar o estilo de vida ou crenças de quem quer que seja. Nosso compromisso com o individualismo radical e a privatização da fé nos deixou propensos a "viver e deixar viver" sem discussão, avaliação ou repreensão. Perdemos a competência de julgar o mundo porque perdemos a competência de nos julgar. Afirmamos certos princípios e, depois, agimos como se eles não importassem.

Não é de admirar, na minha opinião, que o versículo mais citado da Bíblia não seja: "Porque Deus amou o mundo" (Jo 3.16), mas: "Não julgueis, para que não sejais julgados" (Mt 7.1). Mesmo nos círculos evangélicos chegamos a ouvir: "Quem é você para julgar?" A implicação clara da pergunta é que não temos o direito de dizer: "Este estilo de vida é errado", ou: "Isto é heresia", ou ainda: "Este pregador é um falso mestre". A frase que melhor descreve nossa cultura é: *Qualquer coisa serve!!!*

Como chegamos a isso?

Por que achamos tão difícil dizer que algumas opiniões religiosas são erradas? Ou que alguns tipos de comportamento são pecaminosos? Por que permitimos que tanto de Hollywood entre em nossas casas, fingindo que nós e nossas famílias não somos influenciados pela indústria de entretenimento? Por que permitimos que falsos mestres e profetas prosperem sem advertirmos o povo de Deus? Por que há várias formas de ocultismo em prática? Estas são apenas algumas questões que estaremos discutindo nos capítulos que se seguem.

Antes de começarmos nossa viagem, precisamos ter um entendimento melhor de como as idéias prevalecentes da cultura têm influenciado a Igreja. Talvez venhamos a descobrir que somos mais afetados pelo mundo do que percebemos. Antes de nos dedicarmos a falar sobre nossa responsabilidade como membros da Igreja, temos de entender os desafios que confrontamos no mundo que nos cerca.

Vivemos em uma sociedade pós-moderna, mas o que isso significa? E como o pós-modernismo influencia a Igreja? Toda geração tem de lutar suas próprias batalhas; às vezes, as aflições que uma sofre são as mesmas da anterior, porém com freqüência os assuntos são diferentes. Mas cada geração tem de confrontar o mundo, mudá-lo ou ser mudada por ele.

> A VERDADE DESAPARECEU, E POUCOS NOTARAM.

Hoje nossos desafios são singulares, porque nenhuma geração foi influenciada pela tecnologia como a nossa. Somos bombardeados com televisão, a revolução do vídeo e a Internet. Talvez nenhuma geração teve tantas oportunidades como a nossa; nem tantas armadilhas. E no meio disso tudo, receio que nos afastamos muito do que é bom em direção ao que é trivial e até mesmo irracional. Em nossos dias, houve uma mega-mudança de pensamento; esta geração percebe a realidade de modo diferente, se comparada às gerações passadas. As pessoas, na maioria, não vêem a vida do modo como a viam, e nós cristãos também não.

Vamos fazer uma breve excursão ao que se chama mente pós-moderna, de forma que possamos entender melhor os desafios diante de nós. Depois, perguntaremos como somos influenciados pelo mundo e o que pode ser feito a respeito.

CAINDO NA DECADÊNCIA

A verdade desapareceu e poucos notaram. Diante de nossos olhos, as antigas formas de pensamento estão se esmigalhando, e em seu lugar encontramos novas maneiras de ver e conhecer o mundo. Crescemos com suposições que estão sendo descartadas, e em seu lugar acham-se novas conjeturas que oferecem resistência direta ao evangelho cristão. Talvez não seja muito forte dizer que a guerra foi declarada no passado a favor de um novo futuro bravio.

Não podemos entender o pós-modernismo, a menos que entendamos o que era (e é) o modernismo. O modernismo era a crença de que a razão tinha o poder de compreender o mundo; a mente humana, pensava-se, tem a habilidade de interpretar a realidade e descobrir valores abrangentes. Havia um otimismo, acreditava-se no progresso, na convicção de que a ciência e a história pudessem nos conduzir a várias verdades que nos ajudariam a interpretar a realidade. O modernismo atacava a religião, particularmente o cristianismo, porque achava que

> A VERDADE HOJE É DEFINIDA COMO MINHA OPINIÃO PESSOAL DA REALIDADE.

este estava cheio de superstições. Pelo menos o modernismo acreditava que a verdade existia e não temia dizê-lo.

Veio o pós-modernismo.

A noção contemporânea é que a razão fracassou em dar sentido ao mundo. Dizem que o modernismo não tem os blocos construtivos necessários para construir um sistema de verdades que seja aplicável a todas as culturas. A antiga suposição de que há verdade objetiva deve ser substituída pela noção de que, na realidade, não há "verdade" — se por verdade quisermos dizer valores aplicáveis a todas as culturas e em todas as épocas. A verdade, se é que existe, não existe "lá fora" para ser descoberta, mas é simplesmente minha própria resposta pessoal aos dados que me são apresentados. Eu não descubro a verdade, eu sou a *fonte* da verdade.[2]

Enquanto o modernismo atacava a religião tachando-a de superstição, o pós-modernismo aceita todas as religiões e considera todos os tipos de superstições. Qualquer espiritualidade agora é aceita sem sequer haver uma indicação de que um ponto de vista seja errado e outro certo. Visto que a verdade hoje é definida como minha opinião pessoal da realidade, segue-se que temos qualquer número de "verdades" — aproximadamente uma para cada pessoa no mundo.

Teoricamente, o pós-modernismo diz que não há padrão independente de certo ou errado, não há padrão independente de verdade e erro. Contudo, visto que somos seres morais, nem mesmo os pós-modernistas podem descartar todos os julgamentos morais. Quando os pós-modernistas vêem algo de que não gostam, eles têm novos meios de descrever o que vêem; eles inventam noções que substituem o conceito da verdade.

Essas novas formas de pensamento mudaram o diálogo em nosso mundo moderno. Temos de entender melhor nossa cultura se desejamos desafiá-la.

A Verdade É Substituída pela Imparcialidade

Como mencionado, houve o tempo em que as pessoas acreditavam que a verdade existia, embora discordassem sobre qual era. Hoje, a crença não é avaliada com base se é verdadeira ou falsa, mas perguntando: "Isto é *imparcial*?"

Pense no que isso significa para nós que cremos no evangelho. A idéia de que a salvação vem apenas por Cristo certamente não parece "imparcial", considerando as diversas religiões existentes no mundo. Nossa mensagem é determinada inaceitável, pouco importando quanta evidência seja aduzida por ela. Na realidade, dizem-nos que acreditamos em algo baseado em preconceito. O cristianismo é somente nossa tendência.

A mesma abordagem é feita na avaliação da moralidade. Os pós-modernistas dizem que a moralidade, se é que existe, é um exercício de psicologia. Se você e eu dissermos: "Creio que isto é imoral", a mente moderna nos ouve dizer: "Tenho este preconceito". Já ouvimos as organizações dos direitos dos homossexuais afirmarem que quem crê no casamento tradicional são pessoas fanáticas. Em outras palavras, a moralidade não é questão de objetividade, porém uma tendência estreita e pessoal.

Talvez esta ilustração futebolística ajude. Alguém disse que o árbitro pré-moderno teria dito: "Há bolas e há gols e eu os chamo *como são*". O árbitro moderno teria dito: "Há bolas e há gols e eu os chamo *como os vejo*". Mas o árbitro pós-moderno diria: "Há bolas e há gols e eles são *o que quer que eu os chame*". Em questões de religião e moralidade, a verdade é o que quer que eu diga que é.

O ícone nacional é a qualidade de inofensivo. Se alguém pensa que tem a "verdade", a cortesia exige que ele mantenha seus pensamentos consigo. Como bom cidadão, você deve ter a civilidade de manter-se quieto acerca de suas convicções reservadamente mantidas (seus preconceitos). Mesmo a liberdade de expressão não deve ser oferecida para fazer os julgamentos morais acerca do comportamento particular das outras pessoas.

De modo diferente, podemos afirmar que um novo "direito" foi encontrado na Constituição americana. Ninguém jamais tem de ouvir algo de que discorde! Ninguém jamais tem de ouvir algo que o ofende. A "Legislação Crimes de Ódio" é recrutada em defesa de grupos que, se supõe, são injustamente separados por fanatismo e atividade criminal. Quaisquer que sejam os méritos desta legislação, devemos ficar cientes de que a meta é declarar "linguagem ofensiva" como crime de ódio, desta forma silenciando a liberdade de expressão.

Por exemplo, no Canadá, onde essa legislação foi aprovada, as autoridades advertiram os doutores James Dobson, do programa *Focus on the Family*, e Jerry Falwell, do programa *Old Time Gospel Hour*, e Laura Schlessinger (conhecida por sua retórica anti-homossexual) de que eles não poderiam transmitir seus programas, a menos que cortassem a parte relacionada com homossexualidade. A diretoria da comunicação canadense cita a "lei crime de ódio" vigente no Canadá, que diz ser ilegal falar aviltantemente de qualquer grupo. Isto significa que os pastores não podem ler versículos bíblicos referentes à homossexualidade durante o programa, pois assim põem em perigo as licenças das estações que os transmitem.[3]

Alguns levam o argumento mais adiante e dizem que não é só o perpetrador de crimes que é culpado; todo aquele que não está de acordo com a agenda homossexual também é culpado. Lembre-se de que após o homossexual Matthew Shepherd[4] ser assassinado, uma vasta rede de culpa foi lançada incluindo todo aquele que falasse contra casamentos entre homossexuais e direitos especiais aos mesmos. Dado que expressões "anti-homossexuais" contribuem para o crime de outros homossexuais, a posição pós-moderna é que tais tendências devem ser mantidas reservadamente — se por nenhuma outra razão, que seja por serem altamente ofensivas.

A qualidade de inofensivo também causou impacto na esfera política. Lembre-se que após o ataque terrorista de 11 de Setembro, algumas empresas americanas não permitiram que os empregados mantivessem uma bandeira americana na mesa, por temerem estar ofendendo outros trabalhadores que não apoiavam a guerra no Afeganistão. S. D. Gade, no livro *When Tolerance Is no Virtue* (Quando a Tolerância não É Virtude), diz que o objetivo da imparcialidade política (essencialmente, outro termo para aludir ao pós-modernismo) é evitar invadir o "espaço de atitude" dos outros.[5]

O resultado é que podemos ter somente boas notícias, não as ruins. Você pode dizer que Jesus mudou sua vida, mas é inadmissível declarar que Ele é o único caminho para Deus. Em primeiro lugar, tais afirmações são imparciais, porque tornam Jesus superior aos outros líderes religiosos e ofendem a maioria da população mundial. Além disso, essas declarações podem não ser objetivamente verdadeiras, sendo apenas as reflexões da tendência religiosa particular da pessoa. Fim da discussão.

Nem tudo sobre o pensamento politicamente correto está errado. Nós, cristãos, muitas vezes temos sido julgadores, intolerantes e farisaicos em todos os pontos errados. Há cristãos que poderiam usar boa dose de tolerância, sobretudo quando diz respeito à relação deles com outros cristãos. No entanto, devemos ser tolerantes nestas áreas, não porque não agir assim ofende as pessoas, mas porque é a coisa certa a fazer. Em outras palavras, *tanto nossa tolerância como nossa intolerância devem estar baseadas na verdade.* No fim, nossos julgamentos têm de ceder às questões verdadeiras.[6]

O problema é que somos intolerantes quando deveríamos ser mais tolerantes, e vice-versa. Em suma, estamos intimidados. No que diz respeito a mim, não tenho todas as respostas para nosso mundo confuso, mas temos de tentar ser verdadeiros quanto ao que a Bíblia ensina e viver de acordo com o mandato que Deus nos deixou.

Aprendemos que para a mente moderna não há tribunal de apelação no sentido tradicional. A verdade é subjetiva, desconectada de argumentação e fatos. Há a "sua verdade" e a "minha verdade", porém nenhuma outra para ambos afirmarmos. Nosso critério para julgar as crenças religiosas e os estilos de vida não é a verdade, mas a imparcialidade.

A Verdade É Substituída pela Sensualidade

Se as percepções individuais são prioridade, segue-se que os seres humanos tenderão do racional para o sensual. Quando Deus criou o homem, dois assuntos se tornaram inerentemente sagrados: o primeiro foi a santidade da vida humana; o segundo, a santidade da sexualidade íntima. Hoje, ambos sofrem ataques, pois temos uma sociedade desenfreada com a violência na televisão e nas ruas, e também estamos obcecados com o erotismo que destrói a sacralidade do casamento.[7]

A indústria cinematográfica e da mídia tirou-nos a sensibilidade no que concerne à violência. Em certo estudo, foi comprovado que muitas crianças se sensibilizam mais com a violência feita aos animais que às pessoas. Mostraram-lhes pessoas sendo baleadas na televisão, e elas aceitaram tal fato sem muito esforço. Todavia, quando viram filhotinhos de cachorro sendo baleados, ficaram horrorizadas, gritando de ódio, choque e aflição. Elas foram condicionadas a aceitar a violência que mata seres humanos e ficar enfurecidas apenas diante da violência que mata animais.

Por natureza, não somos impulsionados pela racionalidade, mas por nossos desejos. Sem a restrição das leis e da religião, o gênero humano sempre vagueia em direção aos seus desejos, às suas sensações imediatas. Eva, diante da árvore proibida, ficou hipnotizada por seus poderes ocultos. "E, vendo a mulher que aquela árvore era boa para se comer, e agradável aos olhos, e árvore desejável para dar entendimento, tomou do seu fruto, e comeu, e deu também a seu marido, e ele comeu com ela" (Gn 3.6). Suas percepções lhe eram mais presentes do que os mandamentos de Deus. O que Eva via, sentia e antecipava era mais atraente que a obediência.

Deixado sozinho, o homem se comporta de acordo com o que sente que é correto, em vez de agir segundo o que a mente e a consciência lhes dizem que é certo. Dada a desintegração das distinções morais básicas, a tolerância por todo e qualquer desvio comportamental está em voga. Já ouvi pessoas dizerem: "Não posso negar meus próprios sentimentos; eles fazem parte de quem sou, portanto tenho de fazer o que sentir melhor". Anos atrás, vimos um adesivo de pára-choque que dizia: "Se você se sente bem, faça". Hoje, temos adesivos de pára-choque que dizem: "Se você se sente bem, é porque é *certo*". No que diz respeito à culpa, se é que existe, é apenas um sentimento que tem de ser desaprendido.

Considerando que o ego quer sempre substituir Deus, as pessoas sentem-se livres para fazer tudo que é necessário a fim de encontrar prazer, pouco importando quem se machuca, ou quais sejam as conseqüências. Visto que não pode haver julgamento moral que seja aplicável a todas as pessoas e em todo o tempo, e levando em conta que a moralidade é nada mais do que "me parece bom", não é de admirar que seja freqüente ouvirmos o mantra: "Quem é você para julgar?"

Ravi Zacharias pergunta: "Como comunicar o evangelho a uma geração que ouve com os olhos e pensa com os sentimentos?"[8] Boa pergunta, mas está fora do escopo e intenção deste livro. Estou mais interessado em nos certificar de que temos um evangelho a comunicar, em vez de investigar a questão de como deve ser comunicado.

Nossos desafios encontram-se em muitas frentes.

A Verdade É Substituída pelo Misticismo

A religião está por fora; a espiritualidade está por dentro. Isso que significa que as pessoas estão "na espiritualidade" sem terem de crer em nenhuma doutrina. Uma vez que já não temos a verdade objetiva, mas somente percepções individuais, segue-se que não importa se elas contradizem umas as outras. Se o que experimento é verdade para mim, quem é você para dizer o contrário?

Deepak Chopra une o misticismo religioso com medicamentos, e ensina que a substância básica de nosso corpo não é matéria, porém energia e informação. Temos de nos conscientizar do fluxo de energia humana centrada em canais conhecidos como *chakras.*[9] A cura ocorre quando corrigimos o fluxo de energia humana e qualquer desequilíbrio nele. Isto é feito passando as mãos sobre a outra pessoa, todavia sem estabelecer contato, pois o *prana,* ou energia vital, se estende alguns centímetros acima da pele.

Chopra acredita que no âmago somos amor, verdade, compaixão, consciência e espírito. Ele diz: "Sou perfeito como sou!"[10] Nosso problema é que não acreditamos nisso; se acreditássemos, seríamos saudáveis, porque somos a fonte de nossa própria força e cura. O mal é negado, e a "verdade" é tudo o que por acaso dá certo. Além disso, as pessoas são encorajadas a fazer experiências com fenômenos ocultos.

De vez em quando, lemos histórias sobre o valor da oração na cura de doenças físicas. Em um estudo controlado, comprovou-se que as pessoas por quem foram oradas se recuperavam muito mais depressa que as outras; houve até algumas evidências de curas bastante milagrosas. E o que é mais importante, o relatório dizia que não importava quem orava, nem a deidade diante de quem os nomes eram invocados.

Considerando que o modernismo disse que todas as religiões eram erradas, este novo dado sobre a oração prova aparentemente o conceito pós-moderno de que todas as religiões são certas. Hoje, dizem-nos que todos os pontos de vista religiosos, não importando o quanto sejam logicamente contraditórios, são igualmente válidos. A mente, acredita-se, cria sua própria realidade. As idéias são "verdades", porque as penso; a verdade é o que percebo que é.

Compreensivelmente, como cristãos, temos um desafio diante de nós, pois nosso compromisso com Cristo exige que façamos julgamentos neste mundo não o faz.

O Desafio diante de Nós

Não podemos culpar o pós-modernismo pela condição da Igreja, mas não há dúvidas de que somos influenciados por seu espírito tolerante. Muitos cristãos não sentem a obrigação de partilhar a fé com os outros. Acreditam que suas crenças lhes são boas, e seria maravilhoso se outros se tornassem cristãos também; no entanto, não vêem urgência em que tais pessoas ouçam a mensagem cristã! Talvez isto explique que, de acordo com o perito em sondar a opinião pública, George Barna, apenas 8% dos adultos americanos têm convicções evangélicas em comparação aos 12% de uma década atrás. Ele diz: "O número caiu um terço já que os americanos continuam reformando suas opiniões teológicas".[11]

Muitos cristãos se sentem envergonhados sobre o fato de acreditarmos na verdade universal, especificamente na singularidade de Cristo e em sua morte e ressurreição como o único caminho pelo qual podemos ser aceitos por Deus. Numa época em que o maior pecado é o caráter ofensivo, e a maior virtude é a qualidade de inofensivo, é difícil compartilhar uma mensagem que, em seu cerne, é nociva à mente do homem caído.

Além disso, nos sentimos intimidados, não só por julgar a perdição do mundo, mas também por julgar a condição da Igreja. Temos vergonha dos argumentos pertinentes à doutrina e da mesquinhez que freqüentemente acompanha as divisões de Igreja. Repetidamente, ouvimos quanto é terrível que o protestantismo tenha se fragmentado em um número infinito de denominações e estas divisões sejam um escândalo para o mundo que as observa. Em conseqüência disso, temos medo de que o julgamento que fizermos apenas aumente tais divisões e retrate a Igreja como se estivesse guerreando contra si mesma.

PENSAMOS QUE É MELHOR TOLERAR O ERRO QUE PARECER IGNÓBEIS DEFENDENDO A VERDADE.

Outros levam mais adiante a questão da unidade e acreditam que mesmo a divisão entre o protestantismo e o catolicismo deveria ser desfeita. O mundo não vai acreditar até que toda a cristandade se torne uma em termos de organização, visão e doutrina; ou pelo menos é o que nos afirmam. Considerando que a Reforma Protestante iniciou com uma discordância doutrinária, alguns nos dizem que a doutrina deveria ser minimizada para que a unidade seja alcançada.

Num mundo em que a doutrina é vista como inimiga da unidade, parece razoável que "questões doutrinárias insignificantes", como às vezes são chamadas, devam ser postas de lado em benefício da união que impressionará o mundo. Traçar uma linha na areia e dizer: "Esta é a nossa posição", é dividir ainda mais uma Igreja já dividida. Unidade a todo custo.

Não admira que tenhamos medo de fazer julgamentos! Dizem-nos que devemos nos unir, e não nos dividir; devemos mostrar amor, em vez de nos separar em nossos preconceitos pessoais. Temos de nos concentrar em nossas falhas, não nas falhas dos outros. Que o amor "cubra uma multidão de pecados" é a bandeira que captura o espírito de nossa geração.

Dada tal atmosfera, podemos entender melhor por que aceitamos inquestionavelmente os valores do mundo, sua tolerância mal-orientada, seu entretenimento e compromisso com o individualismo egoísta. Preferimos nos manter quietos, estando a postos e vendo o curso da cultura, sentindo-nos desamparados em meio à maré que sobe. Em nossa timidez, perdemos a credibilidade que é necessária para sermos testemunhas atrativas ao mundo.

É claro que temos de concordar que o discernimento está em baixa. Educados na idéia de que devemos "viver e deixar viver", permitimos que o pensamento mundano prospere. Enquanto o ocultismo aumenta na igreja evangélica, poucos estão inclinados a soar o alarme; e pouquíssimos dispostos a identificar os falsos profetas que se multiplicam ou a apresentar boas razões por que o deus do islamismo é diferente do Deus do cristianismo. Multidões continuam sendo enganadas com sequer uma palavra de advertência. Pensamos que é melhor tolerar o erro que parecer ignóbeis defendendo a verdade.

Tem havido disputas doutrinárias desnecessárias; há conflitos de personalidade e o ego dos líderes tem sido a causa de divisões, brigas e conflitos dispensáveis. Contudo, o fato permanecente é que temos a responsabilidade de fazer julgamentos. Temos de representar Cristo em uma época que o louva "da boca para fora", mas no coração estima outros amantes.

Talvez nenhuma passagem bíblica tenha sido usada com tanta freqüência e eficácia para desencorajar o julgamento de doutrinas ou dos mestres religiosos do que a oração que Jesus fez em João 17. Levando em conta que Ele orou por unidade, alguns entendem que suas palavras significam que essa unidade tem de substituir a verdade. Argumentam que a doutrina divide, e por isso deve ser minimizada para o bem maior de alcançar o mundo.

No entanto, a intenção de Jesus era que entendêssemos que não devemos julgar a doutrina? Cristo tinha o intuito de que compreendêssemos que a unidade é mais importante que a verdade? Precisamos pôr de lado nossas discordâncias a favor de uma Igreja "unida" para impressionar o mundo? E o que o mundo deve ver quando olha para a Igreja?

CUMPRINDO A ORAÇÃO DE JESUS

Sempre haverá tensão entre integridade doutrinária e unidade. Jesus enfatizou ambas em sua oração, e nossa responsabilidade é encontrar o equilíbrio entre os dois pontos. Em João 17.11, Ele orou para que seus seguidores fossem unidos: "Pai santo, guarda em teu nome aqueles que me deste, para que sejam um, assim como nós". Uma segunda vez, Cristo orou pelo tipo de unidade que causaria impacto ao mundo: "... para que todos sejam um, como tu, ó Pai, o és em mim, e eu, em ti; que também eles sejam um em nós, para que o mundo creia que tu me enviaste" (Jo 17.21). A unidade pela qual Jesus orou é tão poderosa que o mundo notaria e creria nEle. Esta é a unidade que deve ser visível, crível e sobrenatural.

Mas prestemos atenção ao seguinte:

Em primeiro lugar, é-nos dito explicitamente que Ele está orando pela unidade apenas entre seus verdadeiros seguidores.

Eles são aqueles a quem Cristo revelou o Pai (Jo 17.6); são aqueles que obedeceram à sua Palavra (Jo 17.6). Sua oração é dirigida no interesse daqueles que entendem sua supremacia. Jesus ora por quem reconhece que Ele é profeta; sim, ainda mais que profeta. Sua oração é por aqueles que crêem em seu nome para que sejam salvos e Ele seja o centro de suas vidas.

"Não rogo pelo mundo", diz ele, "mas por aqueles que me deste, porque são teus" (Jo 17.9). Ele não ora por Judas, porque este não foi um dom do Pai para o Filho; em nenhum momento Judas lhe pertenceu (Jo 17.12). Ele ora apenas por seus seguidores, para que as poderosas forças malignas que eles encontrariam não interrompessem a unidade.

> O AMOR NA IGREJA *ATRAI* O MUNDO; A SANTIDADE NA IGREJA *CONVENCE* O MUNDO.

Com certeza esta não é uma oração em prol da cristandade mundial; não é uma oração pela unidade visível e organizacional da Igreja, independente de suas crenças e ensinos. O que quer que falemos sobre o catolicismo romano contemporâneo, o fato é que durante os dias da Reforma, a Igreja tinha se afastado muito dos ensinos da Bíblia, particularmente no que concerne à salvação. Dizer que os reformadores deveriam ter mantido a unidade organizacional mesmo em face de sério erro doutrinário, é entender mal Jesus. Unidade entre os crentes, sim; unidade com aqueles que ensinam um falso evangelho, não.

A oração de Jesus começou a ser respondida quando o Espírito Santo veio no Dia de Pentecostes e uniu todos os crentes no Corpo de Cristo. Esta oração continua sendo respondida quando os novos crentes recebem o dom do Espírito Santo e são batizados no mesmo Corpo (I Co 12.13). Tal oração transcende todas as denominações e grupos; é uma oração que transcende todas as raças, culturas e gêneros. É uma oração por todos que nasceram do Espírito em todos os países e cantos da terra.

Em segundo lugar, Jesus orou para que esta unidade fosse apoiada pela verdade. "Santifica-os na verdade; a tua palavra é a verdade" (Jo 17.17). Aqui Ele ora pela pureza da Igreja; Cristo ora para que os crentes sejam separados para a bênção e uso do Pai. Ele está pedindo que a Igreja seja pura, separada do mundo e comprometida com sua missão. "Assim como tu me enviaste ao mundo, também eu os enviei ao mundo" (Jo 17.18).

O que o mundo deve ver quando olha para a Igreja?

O mundo deve ser atraído por nossa unidade observável, baseada na verdade. Apenas horas antes desta oração, Jesus falou aos discípulos: "Nisto todos conhecerão que sois meus discípulos, se vos amardes uns aos outros" (Jo 13.35). Considerando que este amor deve ser visto, é minha opinião que Jesus estava pensando primariamente no amor que existe nos membros de determinada congregação, não necessariamente a unidade organizacional mais ampla que muitos pensam que é a chave para ganhar o mundo.

Por favor, não me entenda mal. Não estou dizendo que a unidade exterior é opcional, porque já temos a unidade do Espírito. É indubitável que temos de nos esforçar para "guardar a unidade do Espírito pelo vínculo da paz", como Paulo nos exorta (Ef 4.3). A história da Igreja está cheia de exemplos de divisão desnecessária, quer baseada em personalidades, quer em trivialidades. A fragmentação do protestantismo é, às vezes, um escândalo que, sem dúvida, faz o mundo dar as costas de desgosto. *Entretanto, não podemos cumprir a oração de Jesus sacrificando nossas diferenças, sobretudo quando essas diferenças acham-se no cerne do evangelho.*

É duvidoso que o mundo se apresse em crer, só porque todas as denominações protestantes derrubaram suas placas ou porque gigantescas reuniões ocorrem em um estádio, provando que agora todos nos tornamos "um". No meu ponto de vista, nem a união do protestantismo e do catolicismo ocasionaria uma onda de conversões. De início, tal unidade seria fragorosamente noticiada, mas seus efeitos acabariam se dissipando.

As pessoas ficarão impressionadas quando nos tornarmos uma comunidade de pessoas amorosas, cujo sacrifício pelos outros não pode passar despercebido. Nossas casas fracionadas produzem um senso de traição e indignação que somente fortes amizades podem curar. Os crentes que vivem a vida de Cristo ombro a ombro com os céticos do mundo darão credibilidade à nossa mensagem. Devemos ser dedicados a ajudar os pobres, permanecer com os oprimidos e nos gastar por aqueles que consideram o cristianismo irrelevante.

Os argumentos intelectuais não são suficientes para ganhar uma geração educada na noção de que as cosmovisões não devem ser julgadas pela consistência ou prova racional. O cristianismo, arraigado no solo da história e da razão, acha difícil competir numa época propensa a compromissos irracionais. Contudo, uma vida dedicada à melhoria das pessoas é difícil refutar. Como Francis Schaeffer nos dizia, a igreja local "não deve apenas estar certa, mas deve ser bonita". O amor os ganhará.

Em terceiro lugar, Jesus orou pela *santidade* da Igreja. "Não peço que os tires do mundo, mas que os livres do mal. Não são do mundo, como eu do mundo não sou. Santifica-os na verdade; a tua palavra é a verdade" (Jo 17.15-17).

A Igreja deve ser "santificada", ou seja, deve ser uma comunidade de crentes que adotem a integridade, a pureza e um amor fervoroso por Deus. Os valores do mundo devem ser rejeitados; acerca daquele que ama o mundo, a Bíblia diz: "O amor do Pai não está nele" (I Jo 2.15).

Preste bem atenção: O amor na Igreja *atrai* o mundo; a santidade na Igreja *convence* o mundo. Na Igreja Primitiva, grande temor vinha sobre as pessoas quando percebiam que seus membros se dedicavam à disciplina e à vida santa. Infelizmente, quando o mundo observa a Igreja de hoje, pode ver um compromisso com o amor (o qual é visto como tolerância), mas duvido que veja um compromisso com a vida santa. Todavia, somos chamados para ambos.

A IGREJA PRECISA DESESPERADAMENTE DE CREDIBILIDADE NESTE MOMENTO DA HISTÓRIA.

Somos, diz Pedro, "a geração eleita, o sacerdócio real, a nação santa, o povo adquirido, para que [anunciemos] *as virtudes daquele* que [nos] chamou das trevas para a sua maravilhosa luz" (I Pe 2.9; grifos meus). Concordo com Dwight Edwards, que diz: "À medida que os incrédulos de hoje observarem os filhos de Deus vivendo em santidade radical, em comunidade sobrenatural e em graça transbordante, eles também serão impelidos a considerar Cristo de modo que mil folhetos nunca conseguiriam".[12]

Se a chamada à santidade deve ser obedecida, temos de ter discernimento. Ser separado para Deus significa que identificamos os valores do mundo e escolhemos viver no compasso de uma música diferente. Estar no mundo, mas não ser dele é o desafio que está diante de nós.

Como podemos representar a Cristo efetivamente em uma época de superstições religiosas e individualismo radical? Como podemos manter o equilíbrio crítico entre santidade e unidade? A santificação pela qual Jesus orou requer que nos dediquemos novamente a essas verdades que tornaram a Igreja notável.

O Propósito deste Livro

O propósito deste livro é retraçar algumas linhas limítrofes que ficaram borradas entre a Igreja e o mundo. Precisamos perguntar o que Jesus quis dizer quando afirmou que deveríamos estar "no mundo, mas não ser dele". Temos de entender o mundo *do qual* fomos chamados, e também a chamada santa *para a qual* fomos chamados.

Nas páginas que se seguem, pretendo dar alguns esclarecimentos sobre o negligenciado tópico do discernimento, quer dizer, a habilidade de distinguir o cristianismo bíblico da falsa espiritualidade e valores do mundo de hoje. Minha meta é ajudar todos nós a nos tornarmos cristãos vigilantes e de alto-impacto, que amam a verdade e estão dispostos a viver por ela, mesmo com grande custo pessoal.

Acredito que a Igreja precisa desesperadamente de credibilidade neste momento da história. Concordo com S. D. Gade, que assevera que a questão mais importante a enfrentarmos é: "O que significa ser pessoas de verdade e justiça numa época como esta?"[13] Nós nos importamos? Ou nos sentimos seguros em nosso casulo, separados de uma sociedade que está caindo aos pedaços? Como podemos ser a Igreja neste momento crítico da história?

Temos de falar a verdade com amor a esta geração. Não devemos pensar que a tarefa é impossível, pois Deus, pelo Espírito, trabalha para convencer homens e mulheres. A ajuda está do nosso lado. Devemos modelar o discernimento e proteger ciosamente a verdade em benefício de nossos filhos e netos. Somente a tocha que está acesa é que incendiará a próxima geração.

Claro que devemos ter cuidado. Temos de escolher nossas batalhas e temperar nossos julgamentos com carinho. Quando as pessoas "pensam que estão cheirando heresia", diz John Stott, "o nariz começa a se enrugar, os músculos a se contrair e o brilho da batalha surge em seus olhos. Parece que seu único prazer é brigar".[14] Outros cometem o erro oposto e acreditam que o amor exige que eles façam "vistas grossas" ao erro total.

Stott continua: "A verdade se endurece se não for amolecida pelo amor; o amor se enfraquece se não for fortalecido pela verdade".[15] O equilíbrio é difícil, porém não temos opção; precisamos tentar. Temos de tirar a água do navio para salvar os que estão se afogando.

Você pode discordar dos meus julgamentos, mas espero que concorde que os julgamentos são necessários e precisos. Tentemos descobrir qual era o objetivo Jesus ao dizer: "Não julgueis, para que não sejais julgados" (Mt 7.1).

Nossa tarefa é fazer julgamentos sábios em um mundo que não o faz.

Notas

1 F. B. Meyer, *Love to the Uttermost: Expositions of John 13—21* (Nova Iorque: Revell, 1899), p. 135.

2 Jim Leffel e Dennis McCallum, "Postmodern Impact: Religion", em Dennis McCallum, editor, *The Death of Truth* (Mineápolis: Bethany House, 1996), p. 211.

3 *Family Voice*, Julho/Agosto de 2001, p. 23.

4 Estudante do ensino secundário em Wyoming, espancado até à morte por dois jovens em 1998, porque era homossexual (N. do T.).

5 S. D. Gade, *When Tolerance Is No Virtue* (Downers Grove, Illinóis: InterVarsity, 1993), p. 22.

6 Ibid., pp. 28,29.

7 Ravi Zacharias, "An Ancient Message, through Modern Means, to a Post-modern Mind", em D. A. Carson, editor, *Telling the Truth: Evangelizing Postmoderns* (Grand Rapids: Zondervan, 2000), p. 24.

8 Ibid., p. 26.

9 Donal P. O'Mathuna, em "Postmodern Impact: Health Care", em *The Death of Truth*, p. 60.

10 Ibid., p. 72.

11 George Barna, "Religious Beliefs Vary Widely by Denomination", Barna Research Online, 25 de junho de 2001, www.barna.org/cgi-bin.

12 Dwight Edwards, *Revolution Within* (Colorado Springs: Waterbrook, 2001), pp. 24,25.

13 S. D. Gade, *When Tolerance Is No Virtue*, p. 17.

14 John Stott, *God's New Society: The Message of Ephesians* (Downers Grove: InterVarsity, 1979), p. 172.

15 Ibid.

2

NÃO JULGUE PARA NÃO SER JULGADO

Não Devemos Fazer Julgamentos?

"E quem é você para julgar?"

Esta foi a pergunta feita por um participante de um estudo bíblico, depois que o professor disse que os que dormem juntos antes do casamento desagradam a Deus.

"E, a propósito, quem de nós é perfeito?", continuou o aluno. "Não temos o direito de julgar a moralidade pessoal de quem quer que seja."

Então, quem é você para julgar?

Ouvimos diariamente:

- Quem é você para dizer que Deus não aprova as relações homossexuais quando há amor?
- Quem é você para dizer que as Testemunhas de Jeová estão erradas?

- Quem é você para dizer que não é obra do Espírito Santo as pessoas "caírem no espírito" por ação de um pregador ungido?
- Quem é você para dizer que se alguém é curado numa reunião pode não ter sido curado pelo poder de Deus?
- E quem é você para dizer que quando uma imagem da virgem Maria chora não devemos pensar que ela esteja tentando nos transmitir uma mensagem?

Apresente o assunto de fazer julgamentos e você obterá duas respostas diferentes. Primeiro, há os que estão pouco dispostos a fazer isso significativamente; são indivíduos determinados a "viver e deixar viver", dentro do razoável, claro. Excluindo as atividades criminais, sua opinião é que todos possam escolher seus próprios valores e estilo de vida, e nem a Igreja ou os cristãos têm o direito de "julgá-los".

No entanto, há outros que estão muito dispostos a julgar; são pessoas que gostam de afiar as setas, identificar o alvo e fazer com que todos saibam o que Deus realmente pensa. Infelizmente, estes são os críticos que julgam os outros não só com a atitude errada, mas também pelas razões erradas. Eles julgam os outros, não por causa de alguma falha de comportamento ou erro doutrinário bíblico, mas por causa de tabus insignificantes ou infrações secundárias. Tais críticos têm raiva e se ressentem dos que não estão à altura de suas crenças reservadamente mantidas. Como os fariseus, olham apenas a "letra da lei" e negligenciam as questões mais importantes da justiça, da misericórdia e do amor.

Acredito que Jesus estava falando com ambos os grupos quando disse: "Não julgueis, para que não sejais julgados, porque com o juízo com que julgardes sereis julgados, e com a medida com que tiverdes medido vos hão de medir a vós" (Mt 7.1,2). Todavia, o que Ele quis dizer com estas palavras? Será que teve a intenção de afirmar que fazemos um favor a nós mesmos não fazendo nenhum julgamento, visto que tais julgamentos voltarão contra nossas próprias vidas? Acho que não.

Podemos estar certos de que Jesus não estava ensinando que não devemos fazer julgamentos! Dizer, como alguns, que deveríamos levar Jesus ao "pé da letra" e nutrir um espírito de unidade e apaziguamento é não seguir os ensinamentos de Cristo; dizer que deveríamos ter uma atitude tolerante, que nunca expresse opiniões sobre o que os outros crêem e fazem é não seguir os ensinamentos de Cristo. O argumento que declara ser a unidade mais importante que a verdade, e o amor mais importante que a doutrina correta, está errado em seu âmago.

Considere o contexto imediato das palavras de Jesus: "Não deis aos cães as coisas santas, nem deiteis aos porcos as vossas pérolas; para que não as pisem e, voltando-se, vos despedacem" (v. 6). Como podemos obedecer a estas instruções, a menos que saibamos reconhecer os cães e os porcos? Jesus estava fazendo uma declaração poderosa sobre a necessidade de discriminação, a fim de aprendermos a distinguir entre o que é limpo e o que é sujo, e avaliar o que é sábio e o que é tolo. Tudo isso pressupõe que devemos fazer bons julgamentos.

Agora olhe para o contexto mais remoto: "Acautelai-vos, porém, dos falsos profetas, que vêm até vós vestidos como ovelhas, mas interiormente são lobos devoradores" (v. 15). Como nos precaver dos falsos profetas, a menos que possamos identificá-los? Supõe-se que procuremos certas marcas distintivas dos falsos mestres, de modo que possamos evitá-los e advertir os outros (um capítulo deste livro será dedicado a esta questão).

Apenas alguns versículos mais adiante, Jesus fez uma observação muito mais surpreendente: "Nem todo o que me diz: Senhor, Senhor! entrará no Reino dos céus, mas aquele que faz a vontade de meu Pai, que está nos céus. Muitos me dirão naquele Dia: Senhor, Senhor, não profetizamos nós em teu nome? E, em teu nome, não expulsamos demônios? E, em teu nome, não fizemos muitas maravilhas? E, então, lhes direi abertamente: Nunca vos conheci; apartai-vos de mim, vós que praticais a iniqüidade" (vv. 21-23). Aqui, temos uma forte declaração sobre a presença de falsos profetas que aparentemente fazem milagres maravilhosos, porém não entrarão no céu no Dia do Julgamento. Podemos estar errados acerca de muitas coisas, mas não erremos acerca dos falsos mestres e suas doutrinas!

> COMO PODEMOS NOS PRECAVER DO FARISAÍSMO, DE UM LADO, E DA CREDULIDADE DESCUIDADA, DE OUTRO?

Paulo, o escritor de muitos livros do Novo Testamento, concordava com Jesus sobre a necessidade de fazer julgamento. Quando os crentes em Corinto não disciplinaram um homem imoral, o apóstolo disse que ele tinha julgado o transgressor, e que a igreja faria bem em excluí-lo da congregação, "para que o espírito seja salvo no Dia do Senhor Jesus" (I Co 5.4). Como a Igreja pode exercer tal autoridade, a menos que a liderança faça julgamentos?

No capítulo seguinte, Paulo ensinou que os crentes não deveriam processar seus irmãos em Cristo na presença de juízes mundanos, porque os líderes da própria igreja deveriam tratar tal disputa. Ele escreveu: "Não sabeis vós que os santos hão de julgar o mundo? Ora, se o mundo deve ser julgado por vós, sois, porventura, indignos de julgar as coisas mínimas? Não sabeis vós que havemos de julgar os anjos? Quanto mais as coisas pertencentes a esta vida?" (I Co 6.2,3). Mais adiante, o apóstolo afirma que eles deveriam ficar envergonhados por não poderem julgar sabiamente tais questões.

Parece que quase toda semana sou informado de mais uma história de cristãos processando outros cristãos. Conforme a cultura vai ficando mais litigiosa, a igreja vai aceitando. Há pouco tempo fiquei sabendo que uma denominação cristã processou um crente que, segundo eles, lhes devia dinheiro. Nem mesmo houve uma tentativa de tentar solucionar a questão, escrevendo uma carta, por exemplo. Em outro caso, sem conexão com este, um antigo líder cristão processou uma igreja e, para justificar o processo, disse que contratara um advogado também cristão que tinha "achado um modo de contornar o ensinamento da Bíblia".

Imagine achar um modo de "contornar" o ensinamento da Bíblia! Infelizmente, em muitos casos, os cristãos nem mesmo tentam "contornar" a Palavra de Deus; simplesmente a ignoram. De acordo com recente pesquisa da empresa Barna Research, "apenas quatro em dez adultos americanos nascidos de novo confiam na Bíblia ou nos ensinamentos da Igreja como fonte primária de orientação moral".[1] Se há uma época em que precisamos de instrução sobre fazer julgamentos, é hoje!

Então, o que Jesus quis dizer quando declarou: "Não julgueis, para que não sejais julgados" (Mt 7.1)? Dizendo em poucas palavras, Ele estava ensinando que não devemos fazer julgamentos hipócritas. Não devemos ser fariseus, que, por gostar de julgar, julgavam as coisas erradas; ou até quando faziam julgamentos certos, os faziam pelas razões erradas. Eles exibiam um tom cheio de si mesmos em tudo o que faziam e diziam. Poderíamos dizer que Jesus está nos advertindo: "Não sejais fariseus, mas *façais* julgamentos justos".

Como podemos nos precaver do farisaísmo, de um lado, e da credulidade descuidada, de outro? Como saber o que deve ser julgado e como os julgamentos devem ser feitos? Quais são os parâmetros para nos guiar? Estas são questões que devem ser tratadas. Lembre-se de que a palavra *julgar* significa exercer discernimento; às vezes, pode significar condenar; e outras vezes, ambas as idéias estão presentes. Porém é evidente que Jesus não está ensinando que todo julgamento é errado. Julgamento, ou discernimento, acha-se no âmago da vida cristã.

PRINCÍPIOS DE JULGAMENTO BÍBLICO

Ninguém julga com perfeição. Mesmo os piedosos discordam quanto aos méritos relativos de algumas questões ou o modo como os julgamentos deveriam ser feitos. Contudo, se podemos concordar quanto aos seguintes princípios, temos uma base para fazer julgamentos. Estas são algumas diretrizes que nos ajudam a julgar de forma sensata.

Humildade, não Superioridade

Já aprendemos que os fariseus eram ávidos em julgar. Eles tinham um espírito crítico e queriam acreditar no pior acerca das pessoas. É triste termos de informar que eles ficavam contentes quando achavam as falhas que procuravam. Como o irmão mais velho na história do Filho Pródigo, a pessoa que se considera virtuosa aos próprios olhos fica ressentida com a graça de Deus na vida dos grandes pecadores; não consegue se alegrar com as bênçãos que o Pai derrama sobre as pessoas que para ela merecem castigo. O farisaico procura se certificar de que todos sigam suas regras prescritas, ainda que ele mesmo não as cumpra em particular. Se não cumprirem, ela quer que sejam severamente julgados.

Consideremos a ilustração humorística de Jesus: "E por que reparas tu no argueiro [cisco] que está no olho do teu irmão e não vês a trave [de madeira] que está no teu olho? Ou como dirás a teu irmão: Deixa-me tirar o argueiro do teu olho, estando uma trave no teu?" (vv. 3,4). Como metáfora, o olho representa a alma, aquela parte de nós que "vê", espiritualmente falando, raciocina, pensa e deseja. Apenas alguns versículos antes, Jesus disse: "A candeia do corpo são os olhos; de sorte que, se os teus olhos forem bons, todo o teu corpo terá luz. Se, porém, os teus olhos forem maus, o teu corpo será tenebroso. Se, portanto, a luz que em ti há são trevas, quão grandes serão tais trevas!" (Mt 6.22,23). Obviamente, é fundamental que tenhamos um olho límpido, isto é, mente e coração livres de impurezas.

Você e eu conhecemos o tipo de pessoa que Jesus diz que tem uma "trave de madeira" no olho. É normalmente um membro da igreja que afirma estar interessado na verdade.

Ele aparentemente se preocupa com o bem-estar do Corpo de Cristo; fica ansioso por tirar o cisco do seu olho e também dos olhos dos outros. Todavia, quanto mais você o conhece, mais percebe que de fato ele não está interessado na verdade. Se estivesse, tiraria a trave de madeira do próprio olho.

O PECADO SEMPRE DISTORCE NOSSAS PERCEPÇÕES.

Evidentemente, Jesus queria que víssemos o humor em tudo isso. Visualize um homem com uma trave de madeira no olho, caminhando pelo interior da igreja e tentando achar uma pessoa com um cisco no olho para que ele o tire! A cena de tal homem tentando se olhar no espelho, porém não consegue, pois está cego pela própria trave, é realmente engraçada.

Claro que se o homem fosse inteiramente honesto, se sua motivação fosse um desejo sincero de agradar ao Senhor, ele seria tão minucioso consigo mesmo quanto é com os outros. Ele se empenharia em tirar primeiro a trave do próprio olho para então procurar ajudar os seus irmãos. Como diz o Dr. Martyn Lloyd-Jones: "Se alguém afirma que está interessado unicamente na justiça e na verdade, e não nas personalidades, então ele será tão crítico consigo mesmo quanto é com as outras pessoas".[2]

Eis um princípio básico da natureza humana: As pessoas vêem o cisco no olho dos outros como se fosse uma trave de madeira; e vêem a própria trave como um cisquinho! Lembro-me de uma senhora crítica, maldosa e zangada que se queixava da falta de amor na igreja! Negando a parte repulsiva de si mesma, ela sentia-se muito à vontade para ser julgadora dos outros. Semelhantemente, a graça não menosprezou os fariseus porque eles minimizavam os próprios pecados, mas porque aumentavam os pecados dos outros.

Certos indivíduos vivem em dois mundos: no mundo A, são professores de escola dominical, pastores e líderes cristãos confiáveis; mas no mundo B, cometem adultério, têm um vício ou são notadamente impulsivos. Às vezes, encontram falhas nos outros, esperando que sua reputação venha a ser aumentada com a comparação. Tal indivíduo vê o cisco nos outros precisamente porque está tentando provar que ele pode "ver", apesar da trave de madeira que está no próprio olho. Ele acredita que sua trave de madeira está tão bem escondida que ninguém a vê — e que o fato de ele poder "ver" o cisco no olho de outra pessoa é prova disso!

Um casal de noivos veio conversar comigo, porque o rapaz não podia perdoar a namorada que confessara uma série de relacionamentos sexuais anos antes de se converter. Apesar do noivado, ele achava que não podia se casar com alguém que não era virgem; queria alguém que fosse pura, sem as recordações de outras intimidades.

Então, perguntei-lhe se ele era virgem. Não. Ele revelou que também teve uma série de relacionamentos sexuais na faculdade. Quando perguntei por que este padrão duplo, ele admitiu que não fazia mesmo sentido, mas fatos são fatos: o rapaz simplesmente não podia perdoá-la. Ressaltei que seu problema era não permitir que seu passado pecaminoso o humilhasse; ele tinha pecado, porém seu pecado era diferente. Sua trave de madeira tinha ficado tão grande que ele não conseguia "vê-la"! *Você nunca entenderá o coração de um fariseu, a menos que perceba que ele vê a trave de madeira que tem no olho como algo pertencente aos outros.*

O pecado sempre distorce nossas percepções. Quando Natã confrontou Davi com uma história acerca de um rico que tinha roubado o cordeiro de um pobre, Davi ficou lívido de raiva e disse: "Vive o Senhor, que digno de morte é o homem que fez isso. E pela cordeira tornará a dar o quadruplicado, porque fez tal coisa e porque não se compadeceu" (2 Sm 12.5,6). Então Natã lhe revelou quem procedeu de tal forma: "Tu és este homem" (2 Sm 12.7). Davi viu o quanto era terrível roubar o cordeiro de um homem, porém não viu o pecado maior de roubar a esposa de um homem e depois assassiná-lo para encobrir o ato. Embora cego aos próprios pecados, ele viu os pecados dos outros com clareza.

TIRAR A TRAVE DE NOSSO OLHO DEVE SER NOSSO PRIMEIRO OBJETIVO.

A cirurgia dos olhos é muito delicada; um oftalmologista cego não pode tirar o cisco do olho de outra pessoa. Esta é a lição que Jesus quer ensinar: Não temos o direito de julgar os outros até que estejamos dispostos a admitir a verdade acerca de nós mesmos. Talvez um dos maiores problemas em nossas igrejas é que não lamentamos por nosso pecado pessoal. Pecamos sem quebrantamento, sem um reconhecimento pleno de nossas injustiças na presença de Deus. Pensamos que nosso pecado é superficial, então lidamos com ele superficialmente.

Quando tivermos a coragem de nos ver na presença de Deus, nunca julgaremos os outros de modo errado. Tendo tirado a trave de madeira de nosso olho, veremos o suficiente para tirar o cisco do olho de nosso irmão. Paulo escreveu: "Irmãos, se algum homem chegar a ser surpreendido nalguma ofensa, vós, que sois espirituais, encaminhai o tal com espírito de mansidão, olhando por ti mesmo, para que não sejas também tentado" (Gl 6.1).

Quanto mais humildes formos, mais misericordiosos seremos com os outros. Os que receberam misericórdia deveriam exercer misericórdia; aqueles que estavam em grande necessidade da graça deveriam convidar os outros a aceitar a maravilhosa graça.

Fatos, não Presunções

Se formos rápidos em julgar, não precisaremos de muita prova para formar nossos julgamentos. Fragmentos de informação serão suficientes para aqueles que já se decidiram acerca da conduta e crenças dos outros. Há indivíduos que pensam que têm o direito de "ligar os pontos" e tirar conclusões baseadas nas próprias intuições, palpites e desejos anteriores. Se estiverem zangados ou com um "espírito crítico", é provável que tirem conclusões precipitadas. Não é de admirar que lemos: "Responder antes de ouvir é estultícia e vergonha" (Pv 18.13).

Lembro-me de formar um julgamento negativo sobre alguém baseado em um e-mail que recebi. Eu não sabia que o remetente tinha sua própria perspectiva preconceituosa; na verdade, descobriu-se mais tarde que ele tinha uma trave de madeira no próprio olho. Ainda me maravilho do quanto preconceituosa pode ser uma perspectiva, quando ouvimos só um lado da história. O contexto, as razões, as motivações entram para fazer julgamentos apropriados.

Como seres humanos, sempre somos limitados em nosso conhecimento. É impossível sabermos tudo sobre qualquer coisa; assim, admitimos que nossos julgamentos podem estar errados. Contudo, temos de tentar nos proteger contra julgamentos precipitados, pesquisando, fazendo perguntas e tendo testemunhas adequadas. Havia uma razão para Paulo escrever a Timóteo: "Não aceites acusação contra presbítero, senão com duas ou três testemunhas" (I Tm 5.19).

Claro que hoje os ensinos de pelo menos alguns falsos mestres são difundidos em livros, programas de televisão e grandes reuniões. Da mesma forma, a conduta de alguns cristãos vem à tona, quando uma revelação depois da outra abala o mundo cristão. E não há como não sermos demasiadamente cuidadosos; ousamos não ser precipitados, mas peçamos a Deus que nos ajude a fazer sábios julgamentos.

Precisamos aprender que às vezes não temos de julgar. Não podemos pronunciar um veredicto sobre todo pregador, movimento, livro ou filme. Onde nos falta informação, devemos ser cautelosos. Fatos, não presunções, devem nos guiar.

Palavras e Ações, não Motivos

Só Deus sabe os motivos do coração. Posso ver um pregador na televisão exortando as pessoas a lhe enviar dinheiro e ser tentado a pensar que ele é ganancioso, mas talvez não o conheça o suficiente para fazer tal julgamento. O que eu poderia dizer é que ele está seguindo o caminho dos falsos profetas que passaram a enfatizar exageradamente o dinheiro (2 Pe 2.3). Somos ordenados a criticar a doutrina, métodos e estilo de vida das pessoas. Entretanto, não estamos qualificados para julgar os segredos de sua alma.

O meu amigo, John Armstrong, lembrou-me que Satanás cometeu um erro ao julgar os motivos de Jó. "Porventura, teme Jó a Deus debalde? Porventura, não o cercaste tu de bens a ele, e a sua casa, e a tudo quanto tem? [...] Mas estende a tua mão, e toca-lhe em tudo quanto tem, e verás se não blasfema de ti na tua face!" (Jó 1.9-11) Satanás disse que Jó servia a Deus em virtude do que poderia obter em troca. Todavia, o Diabo estava errado acerca dos motivos de Jó, pois este continuou servindo a Deus quando tudo lhe foi tirado. O Diabo errou quando julgou os motivos, e assim erramos nós também.

Paulo disse que as opiniões dos outros eram de pouca importância para ele:

> *Todavia, a mim mui pouco se me dá de ser julgado por vós ou por algum juízo humano; nem eu tampouco a mim mesmo me julgo. Portanto, nada julgueis antes de tempo, até que o Senhor venha, o qual também trará à luz as coisas ocultas das trevas e manifestará os desígnios dos corações; e, então, cada um receberá de Deus o louvor (1 Co 4.3,5).*

Somos ordenados a julgar ensinos e condutas; somos ordenados a julgar comportamentos e atitudes pecaminosas; no entanto, os motivos pertencem a Deus e estão além do âmbito de nosso conhecimento e jurisdição.

O fato de não sabermos os motivos dos outros não deve nos deter na avaliação de nossos próprios motivos. Devemos nos perguntar: "Por que estamos interessados em julgar? Quais são nossos motivos para criticar os falsos mestres, o entretenimento e os estilos de vida dos outros e de nós mesmos? Por que ler um livro sobre fazer julgamentos?"

Em primeiro lugar, nosso motivo deve ser nos guardar de erro. Recordando as palavras de Jesus sobre o argueiro e a trave, temos de manter em mente que tirar a trave de nosso olho deve ser nossa prioridade. Estamos ansiosos em saber a verdade, porque estamos ansiosos em ser santos; desejamos agradar a Deus, e assim queremos conhecer sua mente levando em conta o que acreditamos e como vivemos.

A prudência também exige que tenhamos certeza de que um ministério que afirma estar usando nosso dinheiro para construir um orfanato na Zâmbia, não está usando os fundos para pagar a dívida da construção de uma nova sede. Todos os julgamentos começam com o nítido reconhecimento de que somos responsáveis a Deus por todos os nossos talentos e riquezas e, particularmente, por nossos estilos de vida e valores. Queremos ser "prudentes como as serpentes e símplices como as pombas", porque nós mesmos seremos avaliados por nosso Deus.

NÃO TEMOS O DIREITO DE JULGAR OS OUTROS EM QUESTÕES DE CONSCIÊNCIA, ONDE HÁ LIBERDADE DE CONDUTA OU CRENÇA.

Em segundo lugar, nosso motivo deve ser guiar os outros, certificar-nos de que eles estão sendo conduzidos no caminho da salvação. Os pastores têm uma responsabilidade especial pelo rebanho, e Paulo alertou os pastores efésios:

> *Olhai, pois, por vós e por todo o rebanho sobre que o Espírito Santo vos constituiu bispos, para apascentardes a igreja de Deus, que ele resgatou com seu próprio sangue. Porque eu sei isto: que, depois da minha partida, entrarão no meio de vós lobos cruéis, que não perdoarão o rebanho. E que, dentre vós mesmos, se levantarão homens que falarão coisas perversas, para atraírem os discípulos após si. Portanto, vigiai, lembrando-vos de que, durante três anos, não cessei, noite e dia, de admoestar, com lágrimas, a cada um de vós* (At 20.28-31).

Ainda neste livro, discutirei que a Igreja de hoje tem falsos mestres de vários tipos. A televisão deu a alguns indivíduos ampla exposição, e muitos têm milhões de seguidores. Alguns desses mestres estão espalhando heresias que, no final das contas, destruirão a fé de muitos. Se duvidar, leia Judas e 2 Pedro, que estão repletos de advertências sobre os efeitos da falsa doutrina.

Embora não possamos julgar os motivos dos outros, peçamos a Deus que julgue nossos próprios motivos internos. Tenhamos certeza de sempre julgarmos com graça e misericórdia; não nos deleitemos em achar erro nos outros. Toda situação e pessoa devem ser tratadas diferentemente. "E apiedai-vos de alguns que estão duvidosos; e salvai alguns, arrebatando-os do fogo; tende deles misericórdia com temor, aborrecendo até a roupa manchada da carne" (Jd 22,23).

Vamos tentar limitar nossos julgamentos às palavras e ações dos outros, e não impugnar seus motivos.

Assuntos Bíblicos, não Preferências

Algumas coisas sempre são certas. Devemos sempre amar uns aos outros; devemos sempre detestar o que é mau; devemos sempre fazer o bem a todos os homens. Por outro lado, algumas coisas sempre são erradas. Sempre é errado odiar; sempre é errado amar o mal ou cometer adultério. Entretanto, há alguns elementos que estão entre essas duas esferas claramente definidas. Certas coisas ficam boas ou más dependendo do contexto, dos nossos motivos e de quem é afetado pelo que fazemos.

Quando a controvérsia sobre comer carne estava dividindo a comunidade cristã, Paulo deu alguns princípios importantes para manter a reconciliação. Ele disse que alguns cristãos podem comer carne; outros, apenas legumes, mas ambos os grupos deveriam aceitar uns aos outros. Ele escreveu: "Aceitem o que é fraco na fé, *sem [fazer julgamentos sobre] assuntos controvertidos*" (Rm 14.1, NVI; grifos meus). E acrescentou: "Quem és tu que julgas o servo alheio? Para seu próprio Senhor ele está em pé ou cai; mas estará firme, porque poderoso é Deus para o firmar" (Rm 14.4).

A lição a ser aprendida é: Não temos o direito de julgar os outros em questões de consciência, onde há liberdade de conduta ou crença. Certas coisas podem não ser permissíveis para mim, mas podem ser permissíveis para você, e vice-versa. Talvez um cristão tenha a liberdade de beber vinho, violando a consciência do outro. Mesmo aquele tendo tal liberdade, pode escolher não exercê-la, porque é uma pedra de tropeço para o outro (um capítulo neste livro é dedicado a este tópico).

Quando julgarmos, devemos indicar um versículo bíblico ou um princípio bíblico que fundamente nossas opiniões. Afinal, estamos interessados pelo que Deus revelou, não por nossas preferências e convicções pessoais. Isso significa que nem sempre concordaremos com os outros cristãos sobre onde os limites devem ser traçados. Às vezes, acharemos que é quase impossível nos separar de nossa cultura, formação ou temperamento. E mesmo que pudéssemos administrar tal feito, ainda assim descobriríamos que, como humanos, temos áreas de discordância.

No entanto, isto não deve nos impedir de fazer julgamentos bíblicos necessários numa época em que o discernimento é considerado como inimigo do amor. Pode ser que não concordemos nos detalhes, mas a Bíblia é suficientemente clara para nos ajudar a ficar dentro dos parâmetros divinamente ordenados. Nem devemos deixar de exercer discernimento, embora saibamos que só Deus conhece todos os fatos.

Quando fizermos julgamentos, temos de perguntar: Que verdade bíblica está sendo negada? Que verdade está sendo substituída? Que verdade está sendo ignorada? Que verdade está fora de equilíbrio?

Julgamentos Temporais, não Eternos

Aprendemos que os fariseus não somente julgavam as coisas erradas, mas também agiam como se tivessem o direito de fazer julgamentos finais. Porém, tal prerrogativa só pertence a Deus. Temos o poder de julgar, mas não o poder de condenar; temos o direito de advertir, mas não o direito de sentenciar.

Voltemos às palavras de Jesus: "Não julgueis, para que não sejais julgados, porque com o juízo com que julgardes sereis julgados, e com a medida com que tiverdes medido vos hão de medir a vós" (Mt 7.1,2). Qual é a conexão entre nossos julgamentos e como, por nossa vez, seremos julgados? Jesus disse que a medida que usamos para outros também será usada para nos medir.

Esta frase pode ser interpretada de dois modos. Pode significar que se você julga os outros, eles o julgarão pelo padrão de medida que você usou. Em outras palavras, você será tratado como tratar os outros. Há certa verdade nisso, porque todos sabemos que uma pessoa julgadora e severa é julgada com mais severidade pelos outros. Certo homem, que foi extremamente rígido e condenador quando um irmão caiu em imoralidade, descobriu que ele, por sua vez, foi tratado com pouca misericórdia quando cometeu o mesmo pecado. Trate tais pessoas como elas tratam os outros, e elas chorarão de desgosto ou algo pior.

No entanto, Jesus pode ter tido outro significado em mente. Muitos comentaristas acreditam que Ele quis dizer que se você julgar os outros com um padrão rígido, você será julgado mais rigidamente por Deus. Temos exemplos de tais julgamentos no Novo Testamento. Paulo advertiu os que foram irreverentemente participar da Ceia do Senhor de que deveriam julgar a si mesmos neste assunto para que não fossem condenados com o mundo (1 Co 11.32). Alguns, que assim não procederam, morreram sob a mão da disciplina de Deus.

Ou considere estas palavras: "Portanto, és inescusável quando julgas, ó homem, quem quer que sejas, porque te condenas a ti mesmo naquilo em que julgas a outro; pois tu, que julgas, fazes o mesmo" (Rm 2.1). Tais pessoas estão provando pelos próprios julgamentos que sabem o que é certo; mas visto que não são melhores pelo que sabem, eles se condenam. O Dr. Martyn Lloyd-Jones pergunta: "Afirmo que tenho conhecimento excepcional da Bíblia? Se o fizer, então serei julgado em termos do conhecimento que afirmo ter. Afirmo que sou um servo que realmente sabe destas coisas? Então não deveria me surpreender se sou açoitado com muitos açoites".[3] E acrescenta: "Se nos assentamos como autoridade no julgamento dos outros, não temos o direito de reclamar se formos julgados pelo mesmo padrão. É bastante imparcial e justo, e não há base para reclamação".[4]

Os fariseus julgavam as pessoas pelas questões externas, e pensavam que tinham o direito de condenar os outros em um julgamento final. E o que era pior, julgavam os outros por coisas que eles mesmos faziam. Os que são propensos a julgar serão julgados mais severamente por Deus!

A LINHA BÁSICA

Não é de admirar que o tema de fazer julgamentos seja desafiador. De um lado, estão os julgadores, propensos a condenar e com falta de misericórdia; do outro, estão as pessoas do "viver e deixar viver", que agem como se nada mais importasse para Deus.

Nem todos os indivíduos com trave nos olhos estão procurando cisco nos olhos dos outros. Alguns que toleram sua própria "trave" sentem-se muito felizes em tolerar os "ciscos" e as "traves" nos olhos dos outros. Para serem consistentes, eles não julgam nem a si mesmos nem aos outros.

Certo pregador fez uma série de pregações sobre o tema geral de que não devemos julgar os outros por suas falhas e pecados. "Os cristãos atiram nos seus feridos", disse ele, "e precisamos entender que todos temos nossas falhas; seríamos mais bem recomendados se enfatizássemos a graça e não o julgamento, o amor e não a crítica. Na verdade, ele estava promovendo o mantra popular: 'Quem é você para julgar?'"

Mais tarde, descobriu-se que ele vinha mantendo um antigo caso adúltero durante as semanas em que pregou a série de mensagens. Esse pregador argumentava que era mais provável ele viver com o pecado, se olhasse para o lado e visse o pecado dos outros. O que ele estava dizendo era: "Minha trave parece menor em um lugar cheio de pessoas que têm traves de várias formas e tamanhos".

A habilidade de fazer julgamentos acha-se no cerne da vida cristã. A menos que julguemos a doutrina, os estilos de vida e o entretenimento; a menos que distingamos entre as aparências exteriores e o caráter interior, pode ser que não estejamos compreendendo o propósito para o qual Deus nos colocou nesta terra. Podemos acabar aceitando uma pedra em lugar de pão e uma serpente em lugar de peixe.

Não afirmamos que somos perfeitos. Não afirmamos que fazemos julgamentos conclusivos. Não afirmamos que estamos acima de quem julgamos. Afirmamos, porém, que somos ordenados a estudar as Escrituras para encontrar a verdade sobre duas questões simples: Em quê Deus quer que acreditemos e como Ele quer que vivamos. Afirmamos que temos a responsabilidade de viver segundo estas verdades e incentivamos os outros a fazer o mesmo.

O discernimento, como veremos, determina nosso destino.

NOTAS

1 George Barna, "Practical Outcomes Replace Biblical Principles as the Moral Standard", Barna Research Online, 10 de setembro de 2001. Acessado em www.barna.org.

2 Dr. Martyn Lloyd-Jones, *Studies in the Sermon on the Mount* (Grand Rapids: Eerdmans, 1960), Volume 2, pp. 178,179.

3 Ibid., p. 177.

4 Ibid., pp. 177,178.

3

QUANDO JULGAR DOUTRINAS

Importa em que Cremos?

"Não me importo no que você crê; me importo como você vive!"

É o que declarou um congregante quando lhe perguntei o que compreendia do evangelho. Ele disse que estava impaciente com as pessoas que debatiam pontos secundários da doutrina, quando havia grandes necessidades no mundo. "A doutrina", acrescentou ele, "só entra em questão nos assuntos mais importantes como integridade e compaixão."

É indubitável que muito tempo é desperdiçado em discussões doutrinárias. Todavia, não há tópico na terra tão importante quanto a questão de como a pessoa alcança o céu. A resposta que damos a essa pergunta determina nosso destino eterno. Claro que é possível ser uma pessoa moral sem entender o evangelho; numa definição livre, há pessoas boas em todas as religiões. No entanto, o que se não pode fazer é ir para o céu sem uma compreensão básica do evangelho — ao menos, é o que a Bíblia ensina.

Algumas igrejas atraem grandes multidões enfatizando as "necessidades sentidas". Seus líderes têm o compromisso de mostrar a relevância do cristianismo em criar uma boa família, ter um bom relacionamento com os colegas de trabalho e ser próspero nos negócios. E considerando que as pessoas não sentem a necessidade de ouvir o evangelho, sua mensagem passa despercebida e é cuidadosamente inserida em discussões sobre tópicos pertinentes. O que estes bem-intencionados ministros esquecem, é que quando nos colocamos como pecadores na presença de Deus, nossa maior necessidade será a justiça de Cristo para nos proteger da santidade de Deus. É evidente que devemos suprir as necessidades sentidas, mas temos de ajudar as pessoas a compreender quais *devem ser* suas necessidades sentidas.

> O QUE PARECE BOM NA SUPERFÍCIE PODE NÃO ESTAR ENRAIZADO NA VERDADE.

Para dizer a verdade, não podemos chegar ao céu sem ter as crenças certas; nem podemos administrar nossas vidas corretamente sem tais crenças. O que cremos sobre Deus determinará o que cremos sobre nós mesmos; determinará o que cremos acerca dos outros e também do propósito de nossa existência. O sucesso de hoje não garante o sucesso no futuro. Em virtude de algumas doutrinas erradas, muitas pessoas se perderão para sempre. A sã doutrina determina uma fé sã; uma fé sã nos guiará nesta vida e nos qualificará para a vida vindoura. Há uma ligação entre crença e comportamento, entre doutrina e destino.

Claro que a doutrina divide; é o seu propósito! Entretanto, também tem outro propósito: unir o povo de Deus em torno de uma fé comum. Devemos permanecer juntos em comunhão e nos unirmos contra as heresias que sempre tentam subverter a fé. O perigo ocorre quando a doutrina divide as pessoas que deveriam estar unidas.[1] Mas quando se trata da doutrina da salvação, *é muito melhor estar dividido pela verdade do que estar unido pelo erro.*

Isto nos leva ao tópico do *discernimento* doutrinário. Já usamos a palavra, porém o que significa? John MacArthur define discernimento como "a habilidade de distinguir a verdade do erro", ou, com mais precisão, "distinguir a verdade da meia-verdade".[2] Em geral, é fácil descobrir o erro; contudo, é mais difícil diferenciar uma mistura de verdade com o erro.

Um homem entrou numa reunião para observar um suposto avivamento de riso, onde havia pessoas caídas no chão, dando risadas e rugindo como leões. Ele perguntou, a meia voz: "Queria saber se isto é realmente de Deus". Uma mulher que estava ao seu lado respondeu: "Bem, está acontecendo na *igreja*, não está?" Todavia, é precisamente o que acontece na igreja que deve ser testado e avaliado. É na igreja onde se espera que ocorram falsos milagres, crenças bizarras e heresia.

Uma avaliação sensata da história da Igreja revela que o que parece bom na superfície pode não estar enraizado na verdade. Tem ocorrido falsas curas, falsos avivamentos e falsas pregações do evangelho. Não é de admirar que Paulo tenha nos dito: "Examinai tudo. Retende o bem. Abstendevos de toda aparência do mal" (I Ts 5.21,22). Somos ordenados a fazer o melhor que pudermos para distinguir o verdadeiro do falso, e o verdadeiro do meio-verdadeiro.

A proliferação de *talk-shows*, com sua banalidade e lixo, tem ajudado a cultura a normalizar o bizarro. O comportamento marginal é exaltado como se estivesse no mesmo nível do que é moral, aceitável e decente. Homossexuais, travestis e prostitutas desfilam na frente de audiências de televisão nacionais sem julgamentos morais objetivos, exceto, claro, do "direito religioso radical". Todos estão corretos; nenhum comportamento é melhor que outro. É difícil exagerar em demasia o dano que tal pensamento faz em obscurecer as distinções importantes.

> AS PALAVRAS DO FALSO PROFETA E OS OUVIDOS COMICHOSOS DAS PESSOAS ESTÃO EM SINCRONIA.

Da mesma maneira que os *talk-shows* normalizam o comportamento marginal, assim muitos profetas e supostos curandeiros de fé têm normalizado as experiências e doutrinas bizarras. Todos os tipos de idéias são expressos sem repreensão ou a mais leve sugestão de que podem ser falsos. Se Deus quer curar uma mulher sacudindo-lhe a cabeça durante vinte minutos, quem somos nós para julgar? Toda revelação falada reputa-se que é de Deus, pouco importando se é contrária à Bíblia ou completamente tola.

As Escrituras nos advertem dos falsos mestres e suas doutrinas. "Porque virá tempo em que não sofrerão a sã doutrina; mas, tendo comichão nos ouvidos, amontoarão para si doutores conforme as suas próprias concupiscências" (2 Tm 4.3). Os falsos mestres são dirigidos por seus desejos e ganância. As pessoas querem ouvir o que lhes agrada; elas não querem que seus pecados sejam expostos, e só darão ouvidos àqueles com quem seus desejos concordem. Elas se estabelecem como seu próprio padrão e, depois, encontram alguém que as valide.

Sem submissão rigorosa à Palavra de Deus, as pessoas desenvolvem uma teologia que lhes permita justificar sua acumulação de riquezas; exalte seu orgulho como porta-vozes especiais de Deus e forneça um contexto onde a imoralidade seja tolerada. Mesmo que seja exposta a fraude de um falso profeta, ele poderá continuar, porque "se Deus o perdoou, por que não podemos perdoá-lo?" Em resumo, não é permitido nada que se levante contra o falso ensino, um estilo de vida duvidoso e uma sede de poder.

Não é de admirar que o discernimento esteja desvalorizado! Cansados dos excessos de conflitos doutrinários do passado e absortos pela vigente paixão por unidade, sucumbimos ao espírito da época. Com nosso medo de sermos chamados desamorosos, permitimos haver o desenvolvimento de um clima no qual toda opinião é tão válida quanto outra. Temos tanto medo de ser acusados de discriminação, que nos esquecemos de que *temos de discriminar*. Muitos dizem que o amor nos proíbe de nos levantar e dizer: "Isto é falso". Assim, temos de aceitar educadamente qualquer um que diga: "O Senhor me falou que..."

Lembra-se da história do cavalo de madeira que foi deixado para a cidade de Tróia? Os pretensos conquistadores se afastaram como se fosse um "presente" para a cidade, e depois bateram em falsa retirada. Um sacerdote alertou os cidadãos para que não confiassem no inimigo, "mesmo se eles viessem trazendo presentes".

Conhecemos o resto da história. Depois que o cavalo de madeira foi levado para a cidade, os soldados saíram de dentro do "presente" e lançaram os portões ao chão, permitindo que os invasores entrassem em multidão. Hoje, o inimigo está dentro de nossas portas.

Como a Heresia Floresce

Os falsos mestres entre nós não negam abertamente os ensinos da Bíblia, pois fazer isso diminuiria grandemente sua audiência. Eles apenas ignoram as passagens que não se ajustam à questão da unidade, prosperidade e revelação especial. Proclamando que a desunião é o maior dos pecados, toda aberração doutrinária imaginável tem permissão de florescer. Todo aquele que levanta preocupações sobre a sã doutrina é logo silenciado como "caçador de heresia", o qual deve ser evitado. As vozes muito necessárias são reduzidas ao silêncio.

Como os falsos mestres podem enganar tantos evangélicos para que se unam a sua causa? Adotando princípios de interpretação que lhes permita tomar a Bíblia nas mãos e torcê-la como massinha, dando a forma que desejarem. Em vez de seguir os sãos princípios de interpretação, eles "torcem" as Escrituras, como Pedro adverte em 2 Pedro 3.16.

Quais são esses princípios errados?

A Prosperidade do Antigo Testamento para os Crentes do Novo Testamento

Muitos tomam as promessas de bênçãos do Antigo Testamento dadas a Israel e as aplicam diretamente à Igreja sem fazer muito esforço. No Antigo Testamento, havia mesmo forte ligação entre a obediência do povo e a promessa de que a terra produziria boas colheitas e riqueza. Hoje, porém, esta ligação já não existe pela simples razão de que Deus, nesta era, não está trabalhando com seu povo tomando como base uma nação geográfica. Ele preferiu escolher um povo para proclamar seu nome que fosse proveniente de todas as nações do mundo, formando um novo corpo chamado Igreja. No Novo Testamento, as promessas de bênçãos espirituais são dadas aos que permanecem fiéis ao Senhor, mas não há promessa de riqueza ou saúde. Na realidade, o que é prometido são pobreza, perseguição e provações, como o próprio Cristo experimentou.

Desconsiderando essas distinções importantes, os pregadores de saúde e prosperidade dizem a seus seguidores que eles têm o direito de esperar bênçãos materiais — sobretudo, se estiverem dispostos a enviar uma grande oferta ao evangelista como "sinal de fé". Certo evangelista afirmou que se as pessoas lhe enviassem os extratos do cartão de crédito, ele os queimaria e Deus milagrosamente os livraria da dívida! Esta espantosa afirmação foi seguida por testemunhos de pessoas que inesperadamente receberam cheques polpudos pelo correio para pagar integralmente hipotecas e outras dívidas. Não é preciso tomar decisões difíceis para equilibrar o orçamento; não há necessidade de trocar um carro novo por um usado: Deus o tirará da dívida — se você estiver disposto a enviar ao evangelista seu "penhor de fé". De fato, "se você plantar a semente, a colheita é segura".

A qualquer um que questionar esta tolice é dito: "Quem é você para dizer o que Deus pode ou não fazer?" A questão não é o que Deus pode ou não fazer; mas, sim, se Ele prometeu algo e se temos o direito de insistir para que cumpra essa suposta promessa.

Sob a máscara de textos bíblicos selecionados, sem princípios sãos de interpretação, todos os desejos de prosperidade e saúde são mascarados com versículos da Bíblia. Os ensinos equilibrados do Novo Testamento são ignorados a favor da síndrome "Jesus quer que você seja próspero, rico". Este ensino, claro, se ajusta perfeitamente às aspirações materialistas de grande fatia da torta americana. As palavras do falso profeta e os ouvidos comichosos das pessoas estão em sincronia.

Nos últimos séculos, os cristãos mantinham discussões se o rico podia ou não ser salvo. Os profetas contemporâneos não só respondem sim à pergunta, mas acrescentam que é da vontade de Deus que todos sejam ricos. Adeus à pobreza de Jesus; adeus às gerações de fiéis que "andaram vestidos de peles de ovelhas e de cabras, desamparados, aflitos e maltratados" (Hb 11.37). Adeus à fé de milhões de cristãos que hoje definham nas prisões, incapazes de achar comida para seus filhos famintos.

Bem-vindo ao mundo dos profetas contemporâneos! Alguém disse: "Temos vacas para nos dar leite; ovelhas para nos fornecer lã; e agora temos Deus para satisfazer tudo que desejarmos!"

Toda Doença e Pobreza São do Diabo

Um segundo princípio de interpretação que abriu as comportas para a heresia foi este raciocínio: "Toda doença e pobreza são do Diabo". E, diz o argumento, visto que temos poder absoluto sobre o Diabo, segue-se que podemos "reprovar" toda doença e pobreza para, assim, termos saúde e prosperidade. Tudo sem arrependimento, sem sofrimento por causa da justiça e sem a busca das disciplinas que levam a uma vida santa! Tudo isso e o céu também!

O fato é que o Novo Testamento não nos permite presumir que toda doença e pobreza sejam do Diabo; e mesmo quando o são, não temos garantia de que podemos superar tais aflições. Paulo tinha um espinho na carne, um mensageiro de Satanás para o "esbofetear" (2 Co 12.7). Quando por três vezes pediu ao Senhor, Deus recusou-se a livrá-lo, mas compensou dando-lhe graça para suportar a prova (2 Co 12.9). Estude a vida dos apóstolos, e você não encontrará sequer um que recebeu riqueza e saúde; a maioria recebeu perseguição, sentenças de prisão e morte.

Claro que nossa autoridade sobre o Diabo não é absoluta. Não temos autoridade para proibi-lo de trabalhar em Washington, D.C., como pensam alguns. Nem temos autoridade para proibi-lo de fazer coisas que Deus permite, como fez quando Jó foi provado pelo Senhor (Jó 1.12; 2.6). Se vestirmos a armadura de Deus, teremos o poder de vencê-lo em nossa vida e experiência particular. Porém, mesmo assim, Deus usa o Maligno para nos provar, nos tentar e, por outro lado, nos ensinar a necessidade de ficarmos perto do Senhor, que nos resgatou do reino das trevas. Em outro livro escrevi extensivamente sobre este tópico.[3]

A Continuação da Revelação

Então veio o golpe final sobre qualquer controle relativo à doutrina. Com o surgimento do que se chamou *Movimento da Fé*, e graças a algumas pessoas (não todas) do *Movimento Carismático*, temos milhões de pessoas que crêem que Deus fala diretamente com os "profetas" de hoje; desta forma tornando desnecessário o estudo bíblico sério. Profetas com novas revelações de Deus entram em nossas igrejas com mensagens cheias de grandiosas promessas e transbordando de relevância.

Anos atrás, havia o que se chamava Bênção de Toronto, com pessoas de todo o Canadá, Estados Unidos e Inglaterra reunindo-se em uma igreja perto do aeroporto de Toronto, onde havia pessoas que latiam como cachorros, caíam embriagadas no espírito e eram tomadas por risos incontroláveis. Considerando que vários livros foram escritos sobre este movimento, não é minha intenção avaliá-lo a fundo, mas tenho de citar as palavras daqueles que o conhecem "pelo avesso".

Três autores carismáticos, que são simpatizantes com as manifestações do Espírito, escreveram sobre suas apreensões acerca do que estava acontecendo em Toronto. Um deles, Peter Fenwick, escreveu: "Meu maior temor surge do fato de que a Bíblia já não ocupa o lugar que ocupava na comunidade evangélica. Na verdade, a controvérsia que cerca a Bênção de Toronto é importante batalha pela Bíblia".[4] Ele acrescenta que isto poderia não ter começado não fosse a aceitação de práticas anti-bíblicas.

Quando estudantes sérios das Sagradas Escrituras mostraram que "a palavra da ciência" no Novo Testamento (I Co 12.8; "a palavra do conhecimento", ARA) não se referia à clarividência, ou seja, a habilidade de o evangelista predizer as diversas doenças do povo numa reunião, tal instrução caiu em ouvidos surdos. Em geral, não importava o que os líderes faziam ou diziam, não importava se suas práticas eram bizarras ou se sua doutrina era nova e inconsistente. Os líderes respondiam a crítica dizendo: "Quem é você para questionar o que Deus está fazendo?"

Quando as pessoas perguntavam por que algumas coisas ocorridas não eram encontradas na Bíblia, os líderes respondiam com o versículo: "Eis que [faço] uma coisa nova" (Is 43.19, ARA). Pouco importando que, pelo contexto bíblico, esta "coisa nova" se refira ao fato de Deus trazer os judeus do exílio, assentá-los na terra e estabelecer o reino vindouro. No entanto, este versículo, arrancado de seu contexto, era usado para justificar praticamente tudo e qualquer forma de procedimento. Visto que agora toda manifestação do Espírito pode ser descrita como "uma coisa nova", os cristãos se acham indefesos contra o erro.

Hoje, "novas revelações" são recebidas com as palavras do "profeta": "O Espírito do Senhor me falou que...", sendo a frase completada com todo tipo de sandice e heresia. O ensinamento de que Jesus tomou sobre si a natureza de Satanás, ou a idéia que Ele renasceu no inferno, ou a heresia que somos tão divinos quanto Jesus — e centenas de outras como estas — são absurdos revelados a um ou mais dos pretensos profetas.[5] E milhões de pessoas crêem.

> A VERDADE MISTURADA COM ERRO É, ÀS VEZES, MAIS MORTAL QUE O PRÓPRIO ERRO EM SI.

Há algum tempo, recebi carta de um amigo que ficou profundamente perturbado, em virtude de uma observação que fiz num programa de rádio. Quando li a carta, percebi que eu não fizera a declaração, porque era algo do qual discordava. Entretanto, por sua insistência, achei uma fita gravada da mensagem e a ouvi. Fiquei aliviado ao descobrir que tinha razão; eu não fizera o comentário atribuído a mim. Ele havia feito uma inferência baseada em parte de minha mensagem — uma inferência que expunha erroneamente minha posição no assunto. O que quero dizer é: Se não gosto de que as pessoas digam o que eu não disse, *quanto mais sério deve ser dizer o que Deus não disse!*

É óbvio que Deus ainda fala conosco, se com isso queremos dizer que ele revela o pecado em nosso coração e ilumina nossa mente em relação à obra de Cristo a nosso favor. Deus ainda pode conceder "atos especiais de providência" a fim de preparar o povo para o evangelho. Muçulmanos que se converteram ao cristianismo nos dizem que tiveram sonhos ou visões de Jesus antes de ouvirem o evangelho. Há ocasiões em que Deus dirige nossos pensamentos pela oração e meditação; ou podemos ter impressões que nos dão orientação. Entretanto, porque achamos difícil distinguir nossos pensamentos dos de Deus, é muito melhor dizer: "Acho que o Senhor está me mostrando..." ou "Me ocorreu que..." Isto é muito diferente que dizer que Deus dá profecias, clarividências e novas doutrinas. Não ousemos pôr nossos pensamentos subjetivos no mesmo nível que a Escritura canônica.

Visto que nenhum movimento na história da Igreja é ou totalmente ruim ou totalmente bom, não há necessidade de mencionar em especial que algumas pessoas se beneficiaram da Bênção de Toronto e dos ensinos do *Movimento da Fé*. Alguns têm um novo amor por Cristo, e outros foram incentivados em seu andar com Deus. Contudo, separados de controles bíblicos sérios, tais manifestações têm a permissão de trilhar seu próprio curso de ação, usando a Bíblia quer queiram quer não para justificar tais absurdidades.

Percorra os canais de televisão e encontrará muitos evangelistas que, na verdade, ensinam que quanto mais bizarro algo é, mais provável é que seja de Deus.

Você encontrará promessas extravagantes de cura; há sinais, maravilhas, risos e relatos de dentes de ouro; também ouvirá histórias de dinheiro vindo quase que literalmente do nada para "abençoar" os que enviaram uma oferta. E, para tornar a questão ainda mais confusa, em meio a tudo isto, verdade bíblica proveitosa é, às vezes, proclamada.

Que fique bem claro que se queremos encontrar o Diabo, temos de começar a procurar atrás dos púlpitos; é na igreja e não no mundo que Satanás faz sua obra mais enganosa. A verdade misturada com erro é, às vezes, mais mortal que o próprio erro em si.

Heresias Recicladas

Heresias de vários tipos não são novas. Durante a Reforma havia um profeta chamado Thomas Munster, que acreditava ser a Bíblia muito difícil de interpretar. Era preciso um intérprete sacro, o qual não era a Igreja, mas o testemunho interno do Espírito. A Bíblia, declarava ele, era apenas papel e tinta. "Bíblia, Babel, bolha!", proclamava.[6] Usando a mesma Escritura como os atuais supostos profetas, ele justificava sua posição doutrinária com a declaração: "... a letra mata, e o Espírito vivifica" (2 Co 3.6). Lutero respondeu que a letra sem o Espírito estava morta, mas ambos não devem estar mais separados que a alma do corpo. Lutero disse que ele precisava de uma palavra firme de Deus, não as experiências fantásticas de um profeta dos dias de hoje.

Quanto aos sonhos, visões e revelações de Munster, Lutero, lembrando que o Espírito Santo é representado na

Bíblia como pomba, disse que não daria ouvidos a Munster, mesmo que "ele tivesse engolido o Espírito Santo, com penas e tudo".[7] Munster se tornou o pai de todos os que crêem na infusão do Espírito que deixa de lado as Escrituras.

A Bíblia corretamente interpretada não nos permite torcer seus ensinos para se ajustar aos nossos desejos. Se a interpretarmos imparcialmente, ela não nos permitirá crer em toda e qualquer coisa. Como diz Jay Adams, a Bíblia se engaja no que se chama ensino antitético:

> Na Bíblia, onde a antítese é tão importante, o discernimento — a habilidade de distinguir os pensamentos e caminhos de Deus de todos os outros — é essencial. O Senhor afirma que "o sábio de coração será chamado prudente" (Pv 16.21).
>
> Do jardim do Éden, com suas duas árvores (uma permitida, outra proibida), ao destino eterno do ser humano no céu ou no inferno, a Bíblia apresenta dois, e somente dois caminhos: o de Deus e o de todos os outros. Adequadamente, está dito que as pessoas devem ser salvas ou perdidas. Pertencem ao povo de Deus ou ao mundo. Havia Gerizim, o monte da bênção, e Ebal, o monte da maldição. Há o caminho estreito e o largo, levando ou à vida eterna ou à perdição eterna. Há os que são contra nós e os que são a nosso favor, os de dentro e os de fora. Há vida e morte, verdade e mentira, bom e ruim, luz e escuridão, o Reino de Deus e o reino de Satanás, amor e ódio, sabedoria espiritual e sabedoria do mundo. Está escrito que Jesus é o caminho, a verdade e a vida, e ninguém vai ao Pai senão por Ele. Seu é o único nome debaixo do céu, pelo qual importa que sejamos salvos.[8]

União/Desunião

Onde traçamos a linha dos limites? Quando sabemos se uma doutrina é digna de ser defendida? É certo que concordaríamos que diferenças no entendimento da profecia não é razão para proclamar "heresia". Fui criado com o ensino de que a Igreja será arrebatada antes do período da Tribulação. Porém, muitos de meus amigos, que crêem na Palavra de Deus tão profundamente quanto eu, estão convencidos de que a Igreja passará pela Tribulação (embora, tenho certeza de que eles têm o desejo secreto de estar errados!).

Nosso problema é de equilíbrio. De um lado, há os que traçam o círculo doutrinário muito estreitamente. Eles se afastam de todo aquele que não mantém *exatamente* as opiniões deles. Outros insistem que todos devem usar somente uma versão da Bíblia; outros acreditam que apenas os que se agarram a alguma forma de teologia de "segunda bênção" estão verdadeiramente cheios do Espírito. É ótimo ter tais crenças, contanto que se compreenda que estas não são os fundamentos; não são as questões sobre as quais temos de nos afastar uns dos outros. Há cristãos que seguem o pensamento calvinista, com sua ênfase na predestinação e soberania de Deus; outros têm mais afinidade com o arminianismo, com sua ênfase no livre-arbítrio. Todavia, estas não deveriam ser questões sobre as quais nos separemos.

E quanto à questão do batismo? Estou convencido de que a Bíblia ensina o batismo de crentes, ou seja, daqueles que conscientemente podem dar testemunho de sua fé em Cristo. Também acredito que a forma adequada de batismo é a imersão em águas. Mas se alguém acredita em aspergir ou derramar água na cabeça, tais diferenças, ainda que importantes, não são questões para causar divisão.

Há muitos que ensinam que o batismo não é meio de salvação. As liturgias das igrejas católicas e luteranas ensinam que o batismo efetua a regeneração; se a criança nasce doente, um padre ou ministro vai correndo ao hospital para fazer o batismo antes da morte. Em casos extremos, a própria mãe pode efetuá-lo, ou um membro da equipe do hospital. Embora católicos e luteranos acreditem que o batismo deva ser atualizado por confirmação, eles asseveram que a criança é salva inicialmente por este ritual. Para alguns de nós, esta é divergência séria do ensino bíblico.

Outros defendem uma variação destas visões. Há os que acreditam que a fé em Cristo é necessária para a salvação, no entanto, tal fé não tem valor algum sem o batismo. A Igreja de Boston de Cristo não apenas ensina que a pessoa deve ser batizada para ser salva, mas que somente o batismo da igreja deles é válido para a salvação.[9] Uns de seus membros me disseram que, embora eu tenha sido batizado, iria para o inferno, porque não fui batizado por eles. Dadas estas interpretações acerca do batismo, vale a pena buscar uma compreensão adequada da doutrina do batismo.

O que é heresia?

A Bíblia usa a palavra *heresia* e *herege* em dois sentidos. Paulo disse que as facções eram "heresias", ou seja, "partidos" (veja I Co 11.19, ARA). Alguns destes partidos estão entre os crentes; definido deste modo, o crente carnal que se recusa a aceitar a verdade revelada pode ser chamado de herege. Foi, creio, como Paulo usou a palavra em Gálatas 5.19,20, quando disse que "heresias" (RC), ou "facções" (ARA), são obra da carne.

Em outro lugar, o apóstolo falou que o "homem herege" (RC), ou o "homem faccioso" (ARA), ou "aquele que provoca divisões" (NVI), se perverteu e está em pecado (Tt 3.10,11).

O segundo uso da palavra diz respeito àquele que mantém sérias divergências doutrinárias. Pedro fala de "heresias destruidoras", que negam que Jesus é Deus (2 Pe 2.1, ARA). Estes são mestres que negam as doutrinas básicas da fé, e é deste modo que usamos a palavra hoje. Robert Bowman, em *Orthodoxy and Heresy* (Ortodoxia e Heresia), diz que heresia é "o ensino que se opõe diretamente aos princípios básicos da fé cristã, de maneira que os verdadeiros cristãos têm de se separar daqueles que o defendem".[10]

> NÃO FICAMOS SOZINHOS PARA DECIDIR ONDE DEVE SER TRAÇADA A LINHA LIMÍTROFE ENTRE A VERDADE E O ERRO.

Os cristãos podem se tornar hereges? Certamente podem ser chamados hereges de acordo com a primeira definição dada acima. E é comum os cristãos defenderem idéias heréticas, quer por ignorância quer por rebelião pessoal. Em alguns exemplos, há os que professavam a fé evangélica e se desviaram para destruí-la, quer pelo estilo de vida quer pela defesa de mitos e tradições que minam a fé que outrora defendiam. Estes também são hereges.

VOLTANDO AOS FUNDAMENTOS

Para "fazer teologia", como se costuma dizer, temos de empregar o pensamento antitético. Isso significa que se *afirmamos* uma doutrina, também temos de *negar* seu oposto. Tal raciocínio é a base de toda racionalidade; é uma função necessária da mente humana. Não só isso, também é consistente com os ensinos da Bíblia.

Por exemplo, consideremos a declaração: "Só a Bíblia é a Palavra de Deus para o homem". Se esta afirmação for verdadeira, exclui todas as outras fontes de revelação e autoridade. Exclui as tradições do catolicismo romano como meio de revelação; exclui o livro dos Mórmons, o Alcorão e o Vedas. Também exclui os escritos de Ellen G. White e os de Mary Baker Eddy.

Nós, que acreditamos ser a Bíblia a fonte única da revelação de Deus, não esperamos que revelação adicional passe pelos lábios de gurus, profetas, evangelistas e pregadores da fé. Ninguém jamais pode afirmar que Deus lhe revelou algo novo sobre o Espírito Santo, ou Jesus Cristo, ou profecia. Cremos que pode haver um modo melhor de explicar o que Deus revelou; pode haver aprofundamento na compreensão, mas somos limitados pelas palavras de Deus nas páginas das Sagradas Escrituras. Se alguém diz: "O Senhor me falou que...", consideramos sua afirmação interessante; às vezes, a pessoa pode estar certa sobre a experiência que teve, porém não tomamos esta "revelação" como a Palavra de Deus inerrante.

Assim que aceitamos a Bíblia como a base única de toda doutrina, descobrimos que ela própria nos ajuda a definir que doutrinas são inegociáveis. Não ficamos sozinhos para decidir onde deve ser traçada a linha limítrofe entre a verdade e o erro. O Novo Testamento, ao longo de suas páginas, nos assevera constantemente que a doutrina da salvação — e o agrupamento de doutrinas que a apóiam — é de importância extrema. Isto faz sentido quando percebemos que a pergunta mais importante a ser respondida é como podemos estar certos de que passaremos a eternidade com Deus.

Paulo advertiu aos crentes na Galácia que alguns entre eles estavam tentando perverter o evangelho de Cristo. E acrescentou: "Mas, ainda que nós mesmos ou um anjo do céu vos anuncie outro evangelho além do que já vos tenho anunciado, seja anátema. Assim como já vo-lo dissemos, agora de novo também vo-lo digo: se alguém vos anunciar outro evangelho além do que já recebestes, seja anátema" (Gl 1.8,9).

Imagine! Um anjo nos aparece e diz que o caminho para o céu é ser uma pessoa amorosa e decente. Você ficaria surpreso com quantos que creriam em tal revelação. Prova disso é que o livro dos Mórmons foi revelado por um "anjo", que deu a Joseph Smith a revelação de um evangelho completamente diferente; e milhões crêem na mensagem. Tem ocorrido aparições de Maria com um evangelho alterado, e santuários foram construídos em honra de sua aparição. Ou, no que diz respeito ao assunto, tem surgido revelações de Jesus com um evangelho adulterado. Paulo diria: "Malditas sejam tais revelações!"

Paulo confrontou Pedro apenas porque ele deu a *impressão* errada sobre o evangelho. Veja o que aconteceu: Pedro deixou de comer com os gentios quando os judaizantes apareceram em cena, dando a impressão de que ele tomava o partido dos mestres que defendiam que temos de ser salvos por Cristo mais o cumprimento da lei. Até onde sabemos, Pedro nunca disse uma palavra sobre o conteúdo do evangelho; apenas se recusou a comer com os que criam que o evangelho era um dom gracioso de Deus pela fé.

Paulo ficou furioso! A simples impressão de Pedro de que os judaizantes poderiam estar certos foi razão suficiente para Paulo confrontá-lo publicamente.

E, chegando Pedro à Antioquia, lhe resisti na cara, porque era repreensível. Mas, quando vi que não andavam bem e direitamente conforme na verdade do evangelho, disse a Pedro na presença de todos: Se tu, sendo judeu, vives como os gentios e não como judeu, por que obrigas os gentios a viverem como judeus? (2.11,14)

Paulo então afirmou que somos justificados pela fé em Cristo e não pelas obras da lei (v. 16). Não se engane: A clareza do evangelho é uma doutrina pela qual devemos estar dispostos a dar nossas vidas.

Qual é este evangelho? É simplesmente "crer em Jesus"? Não, pois como veremos no próximo capítulo, há muitos falsos ensinadores que também "crêem em Jesus". O agrupamento de ensinos que formam parte da doutrina de salvação deve ser tomado como parte do plano divino.

Para ilustrar como "fazer teologia", esboçarei as doutrinas básicas do evangelho e mostrarei o que é negado pelo que é afirmado. No processo, minamos quase todas as heresias, antigas e modernas. Teólogos mais velhos usavam sabiamente afirmações e negações como meio de esclarecer o que se cria que era a verdade. Vejamos como este método pode ser aplicado.

Proposições do Evangelho

Aqui delineio as proposições básicas da fé evangélica, mostrando o que se inclui e o que se exclui.

1. *Afirmamos que Deus é Santo.* Isto significa que Deus é separado, distinto, puro e "completamente outro", quer dizer, desassociado de suas criaturas.

Por que essa afirmação é parte importante do evangelho? Porque se Deus não fosse santo, ele poderia receber os pecadores sem sacrifício. Muitos livros populares sobre o tópico da espiritualidade falam que qualquer um pode se chegar a Deus diretamente, a qualquer hora e de qualquer forma. O deus apresentado é de fato diferente de nós; talvez um pouco mais poderoso, mas não santo. Não há necessidade de temermos em sua presença. Não há necessidade de expiação. Esse deus não é o Deus da Bíblia. E de igual modo, o deus da religião civil não é o Deus da Bíblia.

Depois do ataque terrorista de 11 de Setembro, os dizeres "Deus abençoe a América" se espalharam por todos os Estados Unidos. Muitos cristãos ficaram alegres por "Deus estar de volta" na vida americana. Não fiquei convencido. Inclusive me contaram que duas lojas de livros e vídeos (de pornografia) em Nashville estavam usando na marquise: "Deus abençoe a América". Contudo, esta era referência a um deus diferente, o deus do hedonismo moderno, não o Deus que disse: "... para que sejais santos; porque eu sou santo" (Lv 11.44,45).

Também negamos que o Deus da Bíblia seja igual a Alá, ou aos deuses do budismo, do hinduísmo, entre outras religiões. Negamos que seja possível alcançar Deus sem aceitarmos a justiça dEle como nossa, conforme encontrada em Cristo (veja mais adiante).

NOSSA PECAMINOSIDADE IMPEDE TODO CONTATO COM DEUS POR NOSSA INICIATIVA PRÓPRIA.

2. *Afirmamos que Jesus é Deus em carne.* Repare na advertência de João, o apóstolo do amor.

Amados, não creiais em todo espírito, mas provai se os espíritos são de Deus, porque já muitos falsos profetas se têm levantado no mundo. Nisto conhecereis o Espírito de Deus: todo espírito que confessa que Jesus Cristo veio em carne é de Deus; e todo espírito que não confessa que Jesus Cristo veio em carne não é de Deus; mas este é o espírito do anticristo, do qual já ouvistes que há de vir, e eis que está já no mundo (1 Jo 4.1-3).

Outras passagens que afirmam a deidade de Cristo são encontradas em muitos lugares (Jo 1.1; Hb 1.8).

Negar a deidade e a encarnação de Cristo é prova clara de heresia; porém, afirmar estas doutrinas não é necessariamente prova de ortodoxia. Alguns que crêem nessas doutrinas ensinam a salvação pelas obras, ou acrescentam sua justiça ao que Jesus realizou. Entretanto, ao afirmarmos a deidade de Cristo e sua encarnação, excluímos conseqüentemente as outras doutrinas populares.

Negamos que Jesus de Nazaré seja distinto de Cristo; negamos que haja um Cristo gnóstico ou um Cristo universal que seja encontrado em todas as religiões. Também negamos a doutrina das Testemunhas de Jeová, que ensinam que Cristo é um ser criado. Temos de rejeitar os ensinos do Seminário Jesus, que afirma ser Cristo um mero homem.

Como você sabe, essas doutrinas bíblicas nos põem em conflito direto com o islamismo que ensina que a encarnação é blasfêmia. Em diálogo com muçulmanos, temos de nos lembrar de que a aversão que eles têm à encarnação está baseada na noção equivocada de que o cristianismo defende a trindade física. Para o muçulmano afirmar que Jesus é o Filho de Deus significa que o Pai teve relações sexuais com Maria e o resultado foi "o Filho de Deus". Devemos ressaltar que cremos na trindade espiritual, não na física.

3. *Afirmamos a expiação substitutiva.* Pedro escreveu: "Cristo padeceu uma vez pelos pecados, o justo pelos injustos, para levar-nos a Deus; mortificado, na verdade, na carne, mas vivificado pelo Espírito" (I Pe 3.18). Isto significa que Cristo sofreu por nós na cruz para ser nosso carregador de pecado. Ele tomou sobre si a pena que merecíamos e pagou a dívida daqueles que tirariam proveito do seu sacrifício.

Negamos que Deus possa nos salvar apenas porque nos ama, totalmente à parte do sacrifício de Cristo. Também negamos que haja outros mediadores entre nós e Deus, quer santos mortos quer anjos. E negamos que Maomé, Krishna ou outro guru, mestre ou profeta seja qualificado para morrer em nosso lugar e, assim, nos levar a Deus.

4. *Afirmamos que somos pecadores por natureza e por escolha.* Paulo escreveu: "E vos vivificou, estando vós mortos em ofensas e pecados" (Ef 2.1). Nossa pecaminosidade impede todo contato com Deus por nossa iniciativa própria. Todas as nossas boas ações, ainda que inerentemente boas em si, estão manchadas pelo pecado. Somos incapazes de contribuir com algo para nossa salvação.

Negamos todas as formas de salvação pelas obras, quer encontradas no catolicismo quer em religiões não-cristãs. Negamos a perfectibilidade da natureza humana e a crença de que Deus é obrigado a nos salvar por causa de nossa bondade inerente.

5. *Afirmamos que o meio de receber salvação é somente pela fé.* "Concluímos, pois, que o homem é justificado pela fé, sem as obras da lei" (Rm 3.28). Segue-se que a salvação tem de ser um dom gratuito, porque a justiça de que precisamos é a que não temos. Somos salvos aceitando Jesus como o Único que pagou a pena por nosso pecado.

Negamos que a salvação seja mediada por sacramentos, quer batismo, ceia e coisas semelhantes. Negamos que o dom da salvação se torne nosso por um processo de cooperação entre nós e Deus.

6. *Afirmamos que a certeza de salvação se dá por descansar na suficiência da obra de Cristo a nosso favor.*

> *E o testemunho é este: que Deus nos deu a vida eterna; e esta vida está em seu Filho. Quem tem o Filho tem a vida; quem não tem o Filho de Deus não tem a vida. Estas coisas vos escrevi, para que saibais que tendes a vida eterna e para que creiais no nome do Filho de Deus* (1 Jo 5.11-13).

Negamos que a certeza de salvação esteja baseada em nossas obras, exceto quando nossas obras dão evidência da fé salvífica. Negamos que possamos ter garantia por algum ritual da igreja ou por nossa própria sinceridade e boas ações. Cremos que quando Jesus morreu e ressuscitou Ele fez tudo o que é necessário para sermos recebidos na presença de um Deus santo; se aceitamos o que Ele fez por nós, então seremos salvos e sabemos disso.

Pós-Escrito

Como saber se um pós-moderno se converteu mesmo a Jesus? Não no momento em diz que crê em Jesus, pois até os demônios crêem e estremecem. Não quando ele diz que aceitou a Jesus Cristo como Salvador, visto que muitos crêem que o aceitaram através de sacramentos ou pelos próprios esforços.

Sabemos que o indivíduo entende o evangelho, quando: 1) Admite que é pecador e não pode dar nenhuma contribuição à sua salvação; 2) Afirma que aceitou a Jesus, porque só Ele tem a única justiça que Deus aceita; e 3) Diz saber que Jesus é, portanto, o único caminho para o Pai.

Há a história de uma criança que estava perdida em uma cidade grande. Quando o policial lhe perguntou onde morava, não soube informar. O garoto só sabia seu nome. Porém, disse que se o levassem à igreja que freqüentava ele poderia, de lá, achar o caminho de casa. "Mas qual igreja?", perguntaram. Ele respondeu: "Aquela com uma grande cruz na frente!" E acrescentou: "Apenas me leve à cruz, e acharei o caminho de casa!"

Os cristãos discernentes testarão os mestres, profetas e evangelistas pela clareza com que pregam o evangelho da cruz. E se o evangelho estiver torcido ou for ignorado, podemos estar bastante seguros de que estamos diante de um mestre que não deve ser seguido. Pois só a cruz, corretamente compreendida, pode nos levar à casa do Pai.

Em uma era de confusão, temos de lutar pelos fundamentos.

NOTAS

1 Robert Bowman Jr., *Orthodoxy and Heresy: A Biblical Guide to Doctrinal Discernment* (Grand Rapids: Baker, 1992), p. 17.

2 John F. MacArthur Jr., "Discernment — Spiritual Survival for a Church in Crisis", série de fitas cassetes (s.d.).

3 Erwin W. Lutzer, *A Serpente do Paraíso: A Incrível História de como a Rebelião de Satanás Serviu aos Propósitos de Deus* (São Paulo: Vida, 1998).

4 Clifford Hill, Peter Fenwick, David Forbes e David Noakes, *Blessing the Church?* (Guildford, Surrey [Grã-Bretanha]: Eagle, 1995), pp. 40,41.

5 Hank Hanegraaff, *Cristianismo em Crise* (Rio de Janeiro: CPAD, 1998). Este livro contém excelente exposição dos ensinos e heresias do que se chama *Movimento da Fé*. É leitura obrigatória para aqueles que levam a sério ter discernimento nesta era de revelações, profecias, milagres e sandices.

6 Rolland Bainton, *Here I Stand: A Life of Martin Luther* (Nova Iorque & Toronto: Mentor, 1950), p. 203.

7 Ibid.

8 Jay Adams, *A Call to Discernment* (Eugene, Oregon: Harvest, 1987), p. 31, citado por John F. MacArthur em *Reckless Faith: When the Church Loses Its Will to Discern* (Wheaton, Illinóis: Crossway, 1994), pp. 49,50.

9 Russ Wise, "The Boston Church", www.probe.org/docs/boston.html; veja também www.reveal.org/abouticc/crossroadsera.html.

10 Bowman, *Orthodoxy and Heresy*, p. 50.

4

QUANDO JULGAR FALSOS PROFETAS

Como Reconhecê-los?

"Cuidado com os falsos profetas."

Com essa declaração (NVI), Jesus afirma duas verdades: primeiramente, que há falsos profetas, e, em segundo lugar, que eles são perigosos. À medida que as pessoas são cada vez mais atraídas por pregadores que lhes falam o que querem ouvir, não deveríamos nos surpreender que falsos profetas estejam em todos os lugares. Muitos deles têm numerosos adeptos, e seus estilos de vida são sustentados por cristãos sérios.

Dizem-nos que não devemos investigar os milagres, profecias ou ensinos, porque esta ação divide o Corpo de Cristo. Há os que advertem que não devemos tocar "nos ungidos do Senhor", para que não caiamos sob o julgamento de Deus. No entanto, temos de nos lembrar de que esta advertência diz respeito a proteger os servos do Senhor de dano físico, e não se refere em nada a identificar falsos mestres e suas doutrinas (veja I Cr 16.22; Sl 105.15). Nossa intenção neste capítulo não é prejudicar os servos do Senhor, mas desmascarar os que conduzem mal o povo de Deus. Não ficamos intimidados por evangelistas televisivos que lançam maldição sobre todos aqueles que expõem seus ensinos e práticas não-bíblicas. Os lobos estão atacando as ovelhas, e temos de soar o alarme.

Subestimamos a habilidade dos mensageiros de Satanás de se posicionarem como ministros do Senhor. Devemos reler o que a Bíblia tem a dizer sobre os profetas que falam suas próprias ilusões em vez de proclamarem a Palavra de Deus.

Dois Tipos de Falsos Profetas

A primeira classe de falsos profetas se refere àqueles que fazem predições que não se cumprem; ou seja, eles afirmam ter conhecimento especial e anunciam fatos que não acontecem. Moisés os descreve.

> *E se disseres no teu coração: Como conheceremos a palavra que o SENHOR não falou? Quando o tal profeta falar em nome do SENHOR, e tal palavra se não cumprir, nem suceder assim, esta é palavra que o SENHOR não falou; com soberba a falou o tal profeta; não tenhas temor dele (Dt 18.21,22).*

Pelo fato de Deus conhecer o futuro infalivelmente, podemos estar certos de que as pessoas que recebem mensagens de Deus sempre farão predições corretas. A falsa predição é marca segura de falso profeta.

Este princípio, que é ensinado claramente no Antigo Testamento, também se aplica aos profetas do Novo Testamento, incluindo homens como o profeta Ágabo (At 21.10,11). A questão básica é que qualquer profeta de qualquer tempo que fala por inspiração de Deus será correto em suas predições 100% das vezes.

De forma inacreditável, algumas pessoas são tão crédulas que seguirão um profeta mesmo que suas predições não ocorram! Certos pregadores do *Movimento da Fé* declaram ter revelações sobre milagres iminentes e avivamentos próximos que não ocorrem, e compartilham visões heréticas. Todavia, seus seguidores são intrépidos; eles continuam freqüentando as reuniões e enviando ofertas. É claro que se o profeta predisser o futuro sem exatidão, a mensagem não veio de Deus.

O segundo tipo de falso profeta é o que prediz o futuro com precisão e faz milagres, porém, mesmo assim é herege em virtude de suas falsas doutrinas.

> *Quando profeta ou sonhador de sonhos se levantar no meio de ti e te der um sinal ou prodígio, e suceder o tal sinal ou prodígio, de que te houver falado, dizendo: Vamos após outros deuses, que não conheceste, e sirvamo-los, não ouvirás as palavras daquele profeta ou sonhador de sonhos, porquanto o Senhor, vosso Deus, vos prova, para saber se amais o SENHOR, vosso Deus, com todo o vosso coração e com toda a vossa alma (Dt 13.1-3).*

Em outras palavras, *mesmo que a profecia se cumpra, isto em si não prova que o profeta foi enviado por Deus.* Temos de saber mais sobre sua teologia antes de aprovar suas revelações.

Temos exemplo bíblico deste outro tipo de falso profeta? Balaão, o ocultista (Nm 22—24), foi contratado pelo rei de Moabe para amaldiçoar os israelitas. Os adivinhos daqueles dias tinham grande influência, e acreditava-se que eles tinham poder para amaldiçoar e abençoar. Temos, então, um rei pagão que pediu a um profeta pagão que amaldiçoasse Israel. Os príncipes do rei foram a Balaão oferecendo-lhe muito dinheiro, e ele ficou contente em atender ao pedido.

Entretanto, por mais que tentasse, Balaão não pôde amaldiçoar Israel. Ele abria a boca para amaldiçoar, mas proferia bênçãos! O rei ficou descontente e disse a Balaão que era melhor ele mudar a mensagem se quisesse receber o suborno prometido. Os falsos profetas têm uma queda tremenda por dinheiro, por muito dinheiro (Nm 22.17).

Balaão tentou amaldiçoar Israel diversas vezes. Contudo, nada além de bênçãos saíram de seus lábios. Ele proferiu esta profecia espantosa: "Vê-lo-ei, mas não agora; contemplá-lo-ei, mas não de perto; uma estrela procederá de Jacó, e um cetro subirá de Israel, que ferirá os termos dos moabitas e destruirá todos os filhos de Sete" (Nm 24.17). Imagine quão exasperado ficou o rei de Moabe! O seu profeta favorito abençoou o inimigo! E nas bênçãos, Balaão pronunciou uma das mais belas profecias sobre Israel que se pode imaginar.

> A PREDIÇÃO CORRETA NÃO PROVA AUTOMATICAMENTE QUE A PESSOA DEVA SER SEGUIDA.

Balaão era um falso profeta? Suas predições aconteciam, por isso ele era considerado um homem de Deus. Mas não há evidência de que ele mudou seus caminhos e se tornou seguidor do verdadeiro Deus. Isto explica por que ele é fortemente condenado no Novo Testamento como protótipo de todos os falsos profetas. Preste atenção a este texto:

Tendo os olhos cheios de adultério e não cessando de pecar, engodando as almas inconstantes, tendo o coração exercitado na avareza, filhos de maldição; os quais, deixando o caminho direito, erraram seguindo o caminho de Balaão, filho de Beor, que amou o prêmio da injustiça. Mas teve a repreensão da sua transgressão; o mudo jumento, falando com voz humana, impediu a loucura do profeta (2 Pe 2.14-16).

Balaão tinha duas características que distinguem o falso profeta. Em primeiro lugar, ele era ganancioso; podia ser comprado por certo preço. Em segundo lugar, e mais importante, embora aparentemente recebesse verdadeiras revelações de Deus, ele não tinha renunciado sua feitiçaria. "Vendo Balaão que bem parecia aos olhos do Senhor que abençoasse a Israel, não foi esta vez como dantes ao encontro dos encantamentos, mas pôs o seu rosto para o deserto" (Nm 24.1). Ainda que não pôde amaldiçoar Israel, procurou um plano para agradar ao rei e receber o pagamento: mais tarde, ele persuadiu Israel a se entregar à imoralidade sexual com as mulheres moabitas e adorar o deus pagão Baal (Nm 31.16; veja também Nm 25.1-3). Não é coincidência que o rei levou Balaão ao "cume de Peor" (Nm 23.27,28); e foi acerca desse mesmo monte que lemos: "Juntando-se, pois, Israel a Baal-Peor, a ira do SENHOR se acendeu contra Israel" (Nm 25.3).

Há uma lição aqui: Não é suficiente saber se as predições do profeta ocorrem; nem mesmo é o bastante perguntar se ele, às vezes, fala as palavras de Deus. Temos também de investigar seu estilo de vida e, acima de tudo, suas doutrinas. Não é de admirar que Jesus tenha dito que os falsos cristos fariam tantos milagres que, se possível fora, enganariam os eleitos (Mc 13.22)!

Minha esposa e eu conhecemos um jovem chamado Phil que nos contou ter comparecido a uma reunião de duas ou três mil pessoas, onde um sacerdote disse: "Há um jovem aqui que está com leucemia". Phil tinha leucemia, mas pensou que numa multidão de milhares haveria vários jovens com leucemia. Todavia, o sacerdote continuou: "Este homem também está passando por um divórcio". Phil pensou: *Bem, pode ser coincidência.* Então o líder predisse que este jovem faria quimioterapia e radioterapia, e em "setembro voltaria para dar testemunho da oração respondida". E foi exatamente o que aconteceu: Phil fez quimioterapia, com transplante de medula óssea, e voltou no mês de setembro para testemunhar de sua cura perfeita.

Este sacerdote era um verdadeiro profeta de Deus? Não creio. Apesar de a predição inexata desqualificar o profeta, a predição correta não prova automaticamente que a pessoa deva ser seguida. Fiz uma pergunta a Phil que me levou a acreditar que o sacerdote era falso profeta, embora o que ele predisse acontecera. Mais adiante, neste mesmo capítulo, lhe direi a pergunta que fiz.

Há dois tipos diferentes de falsos profetas e quatro tipos diferentes de falsas profecias. "Os profetas profetizam falsamente em meu nome; nunca os enviei, nem lhes dei ordem, nem lhes falei; *visão falsa*, e *adivinhação*, e *vaidade*, e o *engano* do seu coração são o que eles vos profetizam" (Jr 14.14; grifos meus).

- A *visão falsa* vem do coração do falso profeta ou do próprio Satanás. Essas visões são de fato "vistas" pelo profeta, porém são falsas e diabólicas. Lembro-me de uma mulher, que se dizia profetiza, e que teve a visão do homem que se casaria com uma de suas filhas. Ela acreditava que era uma revelação de Deus para sua mente, contudo, a visão era enganosa e não ocorreu.
- *Adivinhação* se refere à leitura de mãos e coisas semelhantes.
- *Vaidade* (ou idolatria) diz respeito aos profetas que levam as pessoas a adorar outros deuses, ou lhes pedem que se curvem diante de ídolos, ou talvez incentivem a adoração de um deus inventado por sua imaginação.
- *Engano,* que também pode não ser do Diabo, mas, sim, uma produção da mente do profeta que acredita em suas revelações tolas.

A despeito do grande número de seguidores de profetas que diziam estar profetizando em nome do Senhor, Deus disse que não os enviara (Jr 14.15).

O que estes homens profetizavam? Exatamente o que as pessoas queriam ouvir! Afirmavam que não haveria guerra e nem fome na terra, mas paz (Jr 14.13). Argumentavam que visto que os israelitas eram o povo de Deus, eles deveriam reivindicar sua herança. Quase podemos ouvi-los dizer: "Não deixemos o Diabo roubar o que é legalmente nosso. Pertencemos a Jeová, o Deus do Universo; vivamos de acordo com essa realidade!"

Entretanto, Deus disse que eles seriam destruídos pela fome ou pela espada (Jr 14.15,16). Em outra passagem do livro de Jeremias, Deus declara: "Tenho ouvido o que dizem aqueles profetas, profetizando mentiras em meu nome, dizendo: Sonhei! Sonhei! Até quando sucederá isso no coração dos profetas que profetizam mentiras e que são só profetas do engano do seu coração?" (Jr 23.25,26). Não admira que o Senhor advirta: "Não deis ouvidos às palavras dos profetas que entre vós profetizam e vos enchem de vãs esperanças..." (Jr 23.16, ARA)

Agora ouça a linha básica: "Porque aleivosissimamente se houveram contra mim a casa de Israel e a casa de Judá, diz o Senhor. Negam ao Senhor e dizem: Não é ele; e: Nenhum mal nos sobrevirá; não veremos espada nem fome. E até os profetas se farão como vento, porque a palavra não está com eles; assim lhes sucederá a eles mesmos" (Jr 5.11-13).

Os profetas são vento! Falam enganos que surgem de suas mentes! Alimentam as pessoas com falsas esperanças! É o que Deus afirma que os *falsos* profetas fazem (veja Jr 5.14). Asseveram ter conhecimento que é negado aos outros. Declaram receber mensagens diretamente de Deus, sem intermediações. Hoje, em casos extremos, alguns ignoram a Bíblia a favor de novas revelações. Asseguram ter poder e habilidade para fazer "sinais e maravilhas". E com isso as pessoas crêem neles.

RECONHECENDO OS FALSOS PROFETAS

Ficamos perplexos com as semelhanças entre os falsos profetas nas Escrituras e os falsos profetas de hoje. A Igreja do século I estava embebida de diversos mestres que enganavam os irmãos; eram pessoas que afirmavam ter revelações especiais de Deus. Paulo os descreve como "superapóstolos", por se acharem superiores e mais excelentes que o próprio apóstolo Paulo (2 Co 11.5, NVI). Eles ganharam aceitação servindo-se de cartas de recomendação e afirmando levar os coríntios a um relacionamento mais pleno com Deus. Não disputavam a necessidade de ter fé em Cristo; diziam que se o indivíduo se tornasse judeu, receberia tudo que Deus tem para ele.

Esses apóstolos se mostravam mais sábios que Paulo, porque apelavam às necessidades das pessoas de forma que Paulo não o fazia. Tinham a chave de uma espiritualidade mais profunda, apresentando uma mensagem mais completa. Paulo, segundo eles, possuía somente parte da verdade, ao passo que eles tinham tudo. Eram também oradores que expunham suas idéias com convicção e estilo. Tinham conhecimentos secretos, *insights* especiais e novas revelações. O evangelho de Paulo parecia fraco em comparação ao deles; na verdade, a presença dele era quase um embaraço para eles. Falavam do apóstolo: "Porque as suas cartas, dizem, são graves e fortes, mas a presença do corpo é fraca, e a palavra, desprezível" (2 Co 10.10).

Hoje, há muitos profetas e falsos mestres na televisão, e é nossa responsabilidade distinguir o falso do verdadeiro, ou pelo menos o falso do meio-verdadeiro. Não somos infalíveis e, em alguns casos, teremos simplesmente de admitir que não temos informação o suficiente para fazer um julgamento. Contudo, em virtude do fato de Jesus ter nos advertido sobre a proliferação de falsos mestres e porque alguns estão notoriamente em desacordo com o ensino bíblico, temos de perguntar: Por quais critérios eles devem ser julgados?

> MUITOS PROCLAMAM UM JESUS QUE LHES DARÁ PRESENTES E BÊNÇÃOS.

Suponha que estejamos assistindo a um evangelista ou operador de milagres pela televisão. Quais critérios usaremos para determinar se este indivíduo é autêntico, um líder espiritual a ser seguido e apoiado? Permita-me encorajá-lo a abrir a Bíblia em 2 Coríntios 11, com o objetivo de que me acompanhe na consideração que faremos sobre a descrição que Paulo faz dos falsos mestres de seus dias. Este exame nos servirá de guia para discernir o verdadeiro mestre do falso; ou, poderíamos dizer, discernir a verdade das meias-verdades que ouvimos com freqüência. Estas são algumas das características.

Os Falsos Profetas Têm um Jesus Próprio

Paulo escreve: "Porque, se alguém for pregar-vos outro Jesus que nós não temos pregado, ou se recebeis outro espírito que não recebestes..." (2 Co 11.4) Quem era este Jesus a quem os "superapóstolos" pregavam? Eles criam que Jesus morreu na cruz, mas que sua obra não era o bastante; o indivíduo tinha de se tornar judeu e acrescentar as obras da lei ao que Jesus fizera. E, se ele se tornasse judeu, o cristianismo realmente daria certo; só assim o indivíduo poderia compreender as mais profundas revelações de Deus.

Eles não negavam o que Paulo ensinava; apenas queriam fazer um acréscimo à mensagem. Scott Hafeman, que estudou 2 Coríntios em detalhes, afirma que os mestres ensinavam que, considerando que Jesus sofreu, não temos de sofrer.[1] Em vez de ver Jesus como modelo de sofrimento, eles acreditavam que Cristo sofreu em nosso lugar e, assim, nos isentou de toda angústia. Redenção significava entrar na plenitude das bênçãos terrenas que Jesus comprou para nós na cruz. Os falsos mestres ensinavam que as bênçãos do céu podiam ser nossas hoje.

Se desejamos desfrutar de vida e prosperidade, precisamos de duas coisas. Primeiramente, de saúde, visto que é impossível viver, padecendo de enfermidades físicas o tempo todo. Em segundo lugar, precisamos de riqueza, de forma que nossas necessidades e desejos sejam satisfeitos sem interrupção. O Jesus dos falsos profetas sofreu não tanto para nos resgatar de nossos pecados, mas para nos comprar as bênçãos do céu *agora*. Se o indivíduo desse somente mais um passo e se tornasse judeu, as completas bênçãos do Espírito seriam experimentadas. Paulo diz, ao contrário, que todo ensinamento que adiciona algo à cruz é a pregação de "outro Jesus".

No Aeroporto O'Hare, de Chicago, deparei com uma mulher que lia *A Oração de Jabez*, e lhe perguntei quais eram suas crenças religiosas. Ela disse que era mórmon e estava lendo o livro porque tinha aberto um novo negócio e queria que Deus o abençoasse. Quando lhe falei que tinha de confiar em Jesus, ela respondeu: "Jesus... todos nós servimos a Jesus, e há somente um Jesus, não é mesmo?"

Não, expliquei, há muitos Jesus pelo mundo. O *Movimento Nova Era* crê no Jesus Cósmico que habita em todas as pessoas. Há o Jesus "Papai Noel" de alguns pregadores, que dá bênçãos a todos sem discriminação, independente da religião ou estilo de vida que a pessoa tenha. O grande filantropo Albert Schweitzer escreveu um livro, e neste afirmou que Jesus era ilusório. Com certeza se tratava de "outro Jesus".

O falso Jesus dos dias de Paulo não estava pelas esquinas, nem era a criação de algum culto estranho. Era um Jesus que era proclamado, que era evidentemente pregado na igreja. *Este Jesus era tão parecido com o verdadeiro Jesus, que Paulo temia que as pessoas não soubessem dizer a diferença.*

Muitos proclamam um Jesus que lhes dará presentes e bênçãos; é o Jesus da prosperidade, o Jesus que cura, o Jesus que ama todos da mesma maneira e que nunca enviará ninguém para o inferno. O que eles não enfatizam é o Jesus que morreu na cruz para nos reconciliar com Deus, aquEle que voltará para julgar todos os que não obedecem ao evangelho.

Esses falsos profetas falam incessantemente sobre Jesus. Oram em nome de Jesus; fazem milagres em nome de Jesus. Pregam um Jesus que dá benefícios sem que a pessoa tenha de se arrepender; um Jesus que abençoa todos, pouco importando em que creiam. Pregam um Jesus que não exige que soframos, todavia um Jesus que está "a postos em nosso favor", pronto para dar as bênçãos que negarão qualquer sofrimento que apareça em nosso caminho. Este Jesus lhe dará dinheiro, resolverá seus problemas e fará praticamente todo milagre que você pedir. Eis um Jesus sensual; um Jesus de entretenimento.

O que torna tais profetas tão insidiosos, diz Paulo, é que eles têm "um espírito diferente"; quer dizer, são controlados por um espírito de natureza estranha. Em alguns casos, um demônio se oculta por trás do ensino, porque eles usam carisma a fim de parecer que exaltam a Jesus, porém seus ensinos são enganosos. Temos de manter em mente que o Jesus que *desejamos* não é necessariamente o Jesus de que *precisamos*.

K. Neil Foster conta a história de uma mulher que buscava ajuda, porque fora possuída por um espírito que se identificava por Jesus. Este "Jesus" a jogava no chão e se vangloriava de manter controle sobre certa congregação em outra cidade. Este espírito odiava o Senhor Jesus Cristo, e foi expulso por esse nome — o Senhor Jesus Cristo. Obviamente, há espíritos que tomam o nome de Jesus para confundir e enganar.[2]

Como detectar este "outro Jesus"? Quando você assistir e ouvir um pastor, evangelista ou profeta, pergunte: A pregação da cruz é central para este ministério? Há ênfase na necessidade de arrependimento, santidade e submissão a Deus? Ele prega um Jesus que nos convida a sofrer, com a promessa de que Ele estará conosco ao longo do sofrimento? Ou apresenta um Jesus cuja função primária é nos dar as bênçãos do céu hoje mesmo?

Às vezes, não haverá uma resposta simples a estas perguntas. Há mestres que se referem ao evangelho de vez em quando; ou, em certos casos, pregam a mensagem da cruz e a de prosperidade terrena como se as duas pudessem coexistir. Em outros, temos de distinguir o verdadeiro do que é meio-verdadeiro e reter julgamento pessoal. Outras vezes, os evangelistas do "outro Jesus" são fáceis de serem identificados.

Os Falsos Profetas Têm um Evangelho Próprio

Se alguém tem seu próprio Jesus, segue-se que tem seu próprio evangelho. "Se alguém for pregar-vos outro Jesus que nós não temos pregado, [...] ou *outro evangelho* que não abraçastes" (2 Co 11.4; grifos meus). Já aprendemos que o evangelho desses "superapóstolos" era o da prosperidade. E para mostrar que "juntavam a fome com a vontade de comer", eles não pregavam sem cobrar uma taxa. Argumentavam que se Paulo fosse realmente um grande homem, não pregaria sem receber pagamento. O apóstolo teve de defender o fato de que veio e pregou o evangelho sem custos.

Em defesa de sua política "grátis", Paulo escreveu: "Pequei, porventura, humilhando-me a mim mesmo, para que vós fôsseis exaltados, porque de graça vos anunciei o evangelho de Deus? Outras igrejas despojei eu para vos servir, recebendo delas salário; e, quando estava presente convosco e tinha necessidade, a ninguém fui pesado" (2 Co 11.7,8). Paulo disse que não queria ser um peso para a congregação, por isso usou o dinheiro que recebera de outras igrejas para se sustentar e, é claro, trabalhou com as próprias mãos. Talvez este procedimento tivesse sido apreciado pelas pessoas, mas os falsos mestres o usaram contra Paulo, arrazoando que ele não cobrou dinheiro porque não era tão grande pregador quanto eles.

Hoje, os superapóstolos enfatizam que as pessoas devem lhes enviar dinheiro para que sejam beneficiadas pessoalmente. Quanto mais generosa a pessoa for, mais Deus lhe abrirá as janelas do céu para lhe dar "boa medida, recalcada, sacudida e transbordando". Eles escondem a ganância a título de darem a seus seguidores a oportunidade de serem abençoados por Deus. Na verdade, é esta mensagem que transmitem: "Não vê quanta sorte você tem por me enviar dinheiro?!"

Por que este evangelho da prosperidade encontrou tamanha e pronta aceitação no coração de milhões de pessoas? Em primeiro lugar, porque, como os profetas de Israel, os pregadores dos dias atuais acharam uma mensagem que o povo quer ouvir. Não há necessidade de falar sobre os aspectos difíceis da vida cristã; não é preciso que cada um tome a própria cruz ou suporte sofrimento. Não é necessário se afastar do pecado ou escolher viver sem os confortos da vida.

Claro que estes apóstolos citam a Bíblia, afirmando que crêem nela "de capa a capa". No entanto, omitem as passagens que não se ajustam ao que pensam. Ouvi certo falso profeta dizer: "Esse negócio de Jesus morrer por nós... não estou interessado no que Jesus fez há dois mil anos; estou interessado nas bênçãos que Ele me dá hoje". Na mente deste homem, nosso problema não é pecado, mas ignorância; só não sabemos como ter acesso a Deus e tomar posse de nossa herança.

Uma segunda razão para esta ampla aceitação do evangelho da prosperidade é seu apelo à ganância. Pedro descreve os pregadores dos seus dias: "Em sua cobiça, tais mestres os explorarão com *histórias que inventaram*. Há muito tempo a sua condenação paira sobre eles, e a sua destruição não tarda" (2 Pe 2.3, NVI; grifos meus). Certo pregador televisivo declarou que alguns que lhe enviaram dinheiro receberam cartas da sociedade de crédito imobiliário, dizendo que o empréstimo fora completamente quitado! *Histórias que inventaram!*

A Igreja Primitiva apresentou uma das maneiras de se reconhecer um falso profeta: se este homem, ao chegar à igreja, aproveitava a oportunidade para pedir dinheiro, poderíamos identificá-lo como tal. Como já aprendemos, Paulo disse que tinha o direito de pedir dinheiro (2 Co 9), mas recusou, para não lhes ser uma pedra de tropeço. O apóstolo foi um pouco irônico; disse que era ladrão, que roubou outras igrejas para que não tivesse de roubá-los. Em contraste, os superapóstolos usavam a riqueza da igreja como prova da bênção de Deus.

> O DIABO DESEJA SER UMA FONTE ALTERNATIVA DE ESCLARECIMENTO E INTERPRETAÇÃO.

Contaram-me que um dos mais famosos "profetas" ou evangelistas afirmou que logo os mortos seriam ressuscitados nas suas cruzadas. Entretanto, se a pessoa não prega a "Jesus Cristo e este crucificado" (I Co 2.2), se a cruz não é o centro do seu ministério e se ele faz promessas aos seus seguidores que Deus não fez, concordo com Jim Cymbala, que declarou que não seguiria tal indivíduo, *ainda que ele ressuscitasse os mortos!*

Sem compreenderem a cruz, sem ensinarem que só podemos ser salvos pelo sacrifício de Cristo, é de pouca monta que as predições dos pregadores aconteçam. No final das contas, sabemos que o pregador é de Deus, não porque ele prediz o futuro, nem porque ele faz milagres, mas porque ele prega a "Jesus Cristo e este crucificado". Toda variação disso é "outro evangelho".

Que pergunta fiz ao Phil (referido anteriormente) que me levou a acreditar que o profeta/sacerdote, mesmo tendo predito com exatidão, não era de Deus? Perguntei: "Como este homem responderia esta pergunta: O que a pessoa tem de fazer para ir morar no céu?" Phil respondeu: "Ele diria que a pessoa tem de seguir a Deus e ser boa". Este, evidentemente, é "outro evangelho", prova de que até os profetas com predições acertadas não são necessariamente enviados por Deus.

Os Falsos Profetas Têm uma Fonte Própria de Poder

Prossigamos. "Porque tais falsos apóstolos são obreiros fraudulentos, transfigurando-se em apóstolos de Cristo. E não é maravilha, porque o próprio Satanás se transfigura em anjo de luz. Não é muito, pois, que os seus ministros se transfigurem em ministros da justiça; o fim dos quais será conforme as suas obras" (2 Co 11.13-15). Lembre-se de que o engano mais delicioso de Satanás é fingir ser o Espírito Santo. Sua meta é revelar conhecimento que não esteja nas Escrituras, ou seja, detectado pela razão. Parte do que ele revela pode ser verdade; parte é falsa. Se precisar misturar o erro com a verdade para enganar, ele o fará.

Seu mais deslumbrante engano é dar revelações a pessoas que estejam propensas a recebê-las. É por isso que Paulo disse:

"Mas temo que, assim como a serpente enganou Eva com a sua astúcia, assim também sejam de alguma sorte corrompidos os vossos sentidos e se apartem da simplicidade que há em Cristo" (2 Co 11.3). A serpente enganou Eva dando-lhe uma revelação que parecia substituir a Palavra de Deus. Ele havia falado, porém agora ela recebeu outro *insight* que Deus lhe negara. Hoje temos pregadores do "Deus me disse" que continuam adicionando mais elucidação e conhecimento. Algumas dessas "revelações" são consistentes na Bíblia; outras, são narrativas imaginárias e *insights* bizarros. O Diabo deseja ser uma fonte alternativa de esclarecimento e interpretação.

Se Satanás fosse entrevistado em um programa de televisão há dois mil anos, quase o ouviríamos dizer: "Acabo de receber uma nova revelação de Deus! O Senhor acaba de me dizer que, tomando por base Salmos 91.11,12, podemos pular do pináculo do templo sem nos machucar! Glória a Deus!" Falsos profetas utilizam versículos, sem considerar o contexto, para fazer uma "nova" interpretação, com o objetivo de impressionar os ouvintes. Ignorantes dos princípios de interpretação e igualmente desconhecedores da sabedoria dos mestres da Igreja do passado, estes profetas estão livres para dizer o que quiserem, menos o que Deus disse.

O ENGANO É FREQÜENTEMENTE SUTIL.

Preste atenção aos ensinos dos que pertencem ao *Movimento Palavra da Fé*, e você detectará ocultismo mesclado com textos bíblicos que foram retirados do contexto. Também ouvirá que o poder para criar a realidade acha-se dentro de você; basta apenas crer que a palavra esteja saturada de poderes mágicos. A visualização criativa é necessária para a pessoa ter fé na própria fé. Este, claro, é o ensino de grupos místicos como a *Ciência da Mente* e o *Movimento Nova Era*.[3]

As pessoas são incentivadas a falar com suas carteiras, ordenando: "Carteira, por minha fé você ficará cheia de dinheiro". Ou falar com seus corpos: "Corpo, você é maravilhoso, saudável e bom". Essa forma de pronunciar palavras mágicas é ensinada a milhões de pessoas que aceitam como se fosse da Bíblia. Os mensageiros de Satanás se mascaram de profetas, não do engano, mas da *justiça!*

Em segundo lugar, este poder demoníaco é visto em milagres. Certo evangelista afirmou que faria "milagres maiores dos encontrados no livro de Atos". O Diabo engana as pessoas, realizando milagres que as beneficiam física ou materialmente, e deixando-as cada vez mais longe da obra de Jesus na cruz. O engano é freqüentemente sutil.

Ted Brooks, pastor de uma igreja que enfatizava milagres, línguas e profecias, mas que em seus ensinos encontramos erros, escreveu:

> O fato de as palavras faladas por líderes cristãos soarem espirituais, não significa que devam ser ouvidas. Os espíritos do Anticristo dentro da igreja confessarão muitas coisas espirituais. Até farão muitas citações da Bíblia. Executarão sinais e maravilhas que fascinem a alma. Parecerão apóstolos, profetas e pastores, porém evitarão nos ressaltar o fato de que Jesus Cristo era a revelação completa da vontade e do caráter de Deus na carne.[4]

Quando alguém, acrescenta ele, examina tais milagres, é chamado inimigo de milagres ou incrédulo. Contudo, não podemos nos intimidar. O verdadeiro milagre não se desfará se for examinado cuidadosamente. Os falsos operadores de milagres acreditam que se fizerem algo que nem mesmo Jesus ou os apóstolos fizeram, é prova de que eles são de Deus. Assim, as pessoas "caem no espírito" e, às vezes, risos incontroláveis tomam conta da congregação. Quanto mais bizarro o acontecimento, mais provável de ser reputado de Deus. Cito Brooks novamente: "O fato nunca antes feito é sinal do verdadeiro milagre de Deus".[5] Alguns dizem às suas congregações para guardar a Bíblia e "mergulhar de cabeça" no que Deus está fazendo.

Interpretação bíblica sadia é posta de lado a favor da "nova coisa" que Deus está fazendo. Se alguém se põe de quatro e ruge como leão, dirão que é bíblico, porque a Bíblia em vários lugares menciona leão. Se a pessoa falar linguagem inarticulada, qualquer interpretação dada é aceita, mesmo que a revelação não se dê em um idioma humano como aconteceu no livro de Atos. Presume-se que tudo são manifestações de Deus.

O fenômeno contemporâneo de "cair no espírito" não está registrado na Bíblia e é contrário aos tipos de ministérios feitos por Cristo e pelos apóstolos. Citemos novamente Peter Fenwick, um carismático que tem grande simpatia pela manifestação dos dons. Ele afirma conhecer pessoalmente muitas pessoas, antes e depois da experiência de "cair no espírito".

Fenwick escreve: "Muitos [...] relatam experiências agradáveis no tempo em que ficaram no chão, mas não detecto mudança fundamental do que está sendo afirmado. Para mim, este fato não é surpresa, devido à ausência geral da Palavra de Deus na Bênção de Toronto".[6] Isto se ajusta ao espírito dos nossos dias: Da mesma forma que as pessoas querem ouvir a mensagem de Deus sem ter o trabalho difícil de estudar a Bíblia, assim querem ter maturidade espiritual sem se esforçar para orar, ler e estudar as Sagradas Escrituras, além de aprender a testemunhar e coisas semelhantes.

Entretanto, não há exemplos de pessoas que "caíram no espírito" em avivamentos de outrora? Relatos dos dias de Jônatas Edwards e João Wesley são usados para justificar os atuais fenômenos vistos tão freqüentemente na televisão. Há relatórios de "manifestações" de vários tipos, todavia mantenha em mente que:

1) Muitos "caíram" sob forte convicção de pecado;
2) Os pregadores da fé não só desencorajam a prática, mas acreditam que estas ocorrências prejudicam a própria mensagem do evangelho;
3) Estas manifestações não aconteceram porque as pessoas foram tocadas por um evangelista que lhes deu uma porção de poder espiritual;
4) Finalmente, tais manifestações nunca eram postas em exibição pública para incentivar os outros a terem a mesma experiência.

Os superapóstolos de hoje afirmam fazer em questão de minutos o que pregadores mais antigos nos dizem que apenas pode ocorrer por quebrantamento diário e submissão a Deus, em geral por sofrimento. Atualmente, nos dizem que só podemos ter poder sendo tocados por um apóstolo supercheio da unção.

Eles têm poder próprio.

Os Falsos Profetas Têm Meios Próprios de Controle

Paulo repreende os crentes coríntios: "Tolerais quem vos escravize, quem vos devore, quem vos detenha, quem se exalte, quem *vos esbofeteie no rosto*" (2 Co 11.20, ARA; grifos meus).

Imagine! Esses crentes estavam dispostos a ser maltratados pelos superapóstolos sem reclamar! Esses falsos mestres eram manipuladores, controlando e humilhando, e as pessoas crédulas os seguiam!

A natureza humana não mudou! Fico maravilhado com histórias que ouço de pessoas freqüentando igrejas onde o pastor usa de autoridade para explorar o povo por meio de controle arrogante, comentários depreciativos e acusações. Em certos casos, o pastor ameaça os membros da igreja, chegando a ponto de amaldiçoá-los se deixarem a congregação. Ele exige lealdade absoluta, compromisso e obediência pessoal. As pessoas continuam freqüentando, embora ele os "esbofeteie no rosto", como disse Paulo. Afinal de contas, o pastor afirma ser o servo especial de Deus.

Como os falsos profetas exercem tal controle?

Primeiramente, por isolamento. Eles rompem as relações dos congregantes com suas famílias, insistindo que devem prestar lealdade somente aos falsos mestres. Insistem que os membros apenas se comuniquem com eles; afinal, o profeta lhes dirá tudo o que precisam saber. Esta é a marca do falso culto.

> OS FALSOS PROFETAS NORMALMENTE CHAMAM A ATENÇÃO PARA SI MESMOS.

Em segundo lugar, há intimidação. Se os falsos profetas conseguirem conhecer a personalidade do congregante, eles acham um ponto de fraqueza e o usam como alavanca para suborná-lo à sujeição. Certo falso mestre perguntou aos membros de seu pequeno grupo quais eram suas fantasias sexuais e depois usou esta informação contra eles. Há cerca de vinte anos, um falso profeta aqui na região de Chicago falou-me que se eu não me colocasse sob sua autoridade, ele já havia me visto "caindo". Isso pode ser intimidante se pensarmos que ele, na verdade, falava em nome de Deus.

Em terceiro lugar, há exploração. O falso mestre encontra meios de desenvolver relacionamentos com seus seguidores. Se for uma personalidade da mídia, ele garante um favor especial se os seguidores lhe escreverem. Ele promete respostas às orações; promete prosperidade; promete que Deus os recompensará com dinheiro. Esse enganador almeja dependência e confiança cultual. Assim, os falsos profetas podem depender da lealdade e sustento desse povo por muitos anos.

Entrementes, os falsos profetas não se põem sob autoridade. Eles desafiam a autoridade dos pastores, ou escolhem integrantes da diretoria da igreja que sabem que não os farão prestar contas. E pelo fato de acreditarem que recebem ordens diretamente de Deus, quando são interrogados, replicam: "Quem é você para questionar o ungido do Senhor?"

Se um milagre acontece em seu ministério, eles o desfilam na frente das multidões e, implicitamente, recebem o crédito como "operadores de milagres". Mas se alguém não é curado, é por culpa da pessoa que não teve fé o suficiente ou não deu bastante dinheiro. Ninguém jamais é chamado ao púlpito para testemunhar sua "não-cura".

Já notou que as multidões que vêm admirar os operadores de milagre são os pobres? Porque estas pessoas — Deus as abençoe! — raciocinam: *Se eu puder ter tanta fé quanto o meu líder, Deus me abençoará como o abençoou*. Assim, se a hipoteca não for automaticamente paga, se não forem curados, é por culpa deles. Não admira que pessoas desiludidas com esses ministérios pensem que Deus as abandonou.

Os Falsos Profetas Têm Meios Próprios de Auto-Exaltação

Os falsos profetas normalmente chamam a atenção para si mesmos. Como Diótrefes, eles querem ter a preeminência (3 Jo 9). Pedro faz esta descrição vívida: "Porque, falando coisas mui arrogantes de vaidades, engodam com as concupiscências da carne e com dissoluções aqueles que se estavam afastando dos que andam em erro" (2 Pe 2.18). Alguns falam coisas mui arrogantes tendo a audácia de dar ordens a Deus, dizendo-lhe o que fazer. Na televisão, vi um evangelista dizer a uma mulher que não tinha podido gerar filhos:

— O que você quer, menino ou menina?

— Menino.

— Será um menino. Com olhos de que cor?

— Olhos azuis.

— Ele terá olhos azuis. Quando você quer que ele nasça?

— Ano que vem.

— Ele nascerá ano que vem!

ESTAMOS DISPOSTOS A SEGUIR UM JESUS QUE NOS ENSINOU A SOFRER?

Então, ele declara que se ela tivesse escolhido gêmeos, com certeza o teria! Imagine!

No entanto, o que acontecerá se este casal não tiver um menino de olhos azuis nascido ano que vem? E se tiverem uma menina de olhos castanhos nascida em dois anos? Ou... e se continuarem não tendo filhos? Eles dirão: "Fomos enganados por um falso profeta!"? Não, é mais provável que digam: "Se tivéssemos tido mais fé, Deus teria cumprido sua palavra em nossa vida". Na mente dos seguidores dedicados, os pretensos profetas sempre ganham; somente as pessoas comuns perdem.

Alguns chamam a atenção para si mesmos pela aparência. Nos primeiros dias da Igreja, Apolônio escreveu um documento sobre os falsos profetas, no qual disse que eles eram reconhecidos pelo vestuário e comportamento. "Diga-me, um profeta pinta os cabelos? Um profeta usa estíbio [uma substância luminosa, prateada e cristalina] nos olhos? Um profeta gosta muito de se vestir bem?"[7] Os falsos profetas, afirmou ele, gostam de ser o centro das atenções. Todos temos de nos lembrar de que não é possível, ao mesmo tempo, exaltar a Jesus e a nós mesmos.

Billy Graham é prova de que a fama não precisa corromper e a humildade genuína pode existir em um homem que é admirado por milhões de pessoas. Seu compromisso com a centralidade do evangelho é modelo para todos nós.

O Erro de Paulo em Estar à Altura

Como Paulo seria classificado, se comparado a esses "superapóstolos"? Seria considerado fraco e desprezível. "Para minha vergonha, admito que fomos fracos demais para isso!" (2 Co 11.21, NVI) Ele era muito "fraco" para usar as técnicas dos falsos profetas. Eles o fizeram parecer fraco, porque não era atrativo e capaz de pregar tão bem como eles; e mais, sua presença física não causava impressão. Um relato primitivo diz que Paulo era baixo, careca e tinha pernas tortas. Imagine o ibope se ele estivesse na televisão!

Você já não acabou de ouvir? "Paulo não tem o que estes outros líderes têm... Queremos mestres que tenham bastante fé para que Deus pague nossos empréstimos; mestres que não tenham de sofrer. Queremos alguém que tenha o poder de repreender um espinho na carne do que viver com isto vitoriosamente!" E assim, enquanto Paulo estava disposto a continuar sofrendo pela causa da cruz, esses homens estavam oferecendo um caminho mais fácil e alternativo.

De forma interessante, no restante de 2 Coríntios 11, Paulo argumenta que seu distintivo de autoridade não era sua habilidade de fazer milagres, mas o sofrimento que ele suportava (2 Co 11.21-33)! Com efeito, ele está dizendo: "Vocês sabem que sou um verdadeiro apóstolo, porque Deus também me deu a graça de sofrer". Ele foi açoitado cinco vezes, fustigado com varas três vezes, apedrejado e náufrago. Tudo isso, e muito mais, é o que lhe deu credibilidade ministerial.

Os crentes em Corinto tiveram de fazer uma escolha: Eles queriam ser como Paulo, que não tinha dinheiro e sofria, ou queriam ser como os falsos profetas que usavam roupas luxuosas? Hoje, diríamos: "Queremos ser seguidores dos falsos profetas que usam correntes de ouro, relógios Rolex e têm carros importados? Ou estamos dispostos a seguir um Jesus que nos ensinou a sofrer?" Como fizeram os crentes em Corinto, temos de fazer uma escolha.

A mensagem e autoridade de Paulo vinham de Deus; as dos seus detratores vinham de Satanás. Ele afirmava que as marcas do verdadeiro profeta é sofrimento e dificuldade, não saúde e riqueza. Nem mesmo Jesus mudou o mundo através de milagres, mas pelo seu sofrimento.

E sempre foi assim.

NOTAS

1 Scott Hafeman, comentário feito em ligação telefônica com o autor em outubro de 2001.

2 K. Neil Foster, *Sorting Out the Supernatural* (Camp Hill, Pensilvânia: Christian Publications, 2001), p. 245.

3 Hank Hanegraaff, *Cristianismo em Crise* (Rio de Janeiro: CPAD, 1998), pp. 82,83.

4 Ted Brooks, *I Was a Flaky Preacher* (Belleville, Ontário: Guardian, 1999), p. 38.

5 Ibid., p. 43.

6 Peter Fenwick, em Clifford Hill, Peter Fenwick, David Forbes e David Noakes, *Blessing the Church?* (Guildford, Surrey [Grã-Bretanha]: Eagle, 1995), p. 60.

7 Foster, *Sorting Out the Supernatural,* p. 22.

5

QUANDO JULGAR MILAGRES

São de Deus ou do Diabo?

A cultura atual está inundada de milagres.

Quando *Bem-Amada,* filme de Oprah Winfrey, foi lançado, ela informou que tinha "se comunicado" com alguns dos personagens históricos que aparecem no filme. Em entrevista, afirmou que "antigos espíritos" estavam tentando "entrar em contato com ela". Declarou que ouvia vozes de escravos — tinha até nomes —, "conheceu cada um deles pessoalmente e os chamava quando queria" para orientá-la no trabalho. Antes das cenas serem filmadas, ela acendeu velas e se comunicou com os espíritos do passado. "Ela se comunicou com o espírito de Margaret Garner, a inspiração para Sethe [a escrava] em sua performance", disse Jonathan Demme, que trabalhou com Oprah no set de filmagens.[1]

O misticismo, com sua espiritualidade auxiliar, é atraente, e milhões de pessoas tentam contatar o reino metafísico (quer dizer, o aspecto espiritual do universo). É um mundo cheio de auto-realizações, guias espirituais — um mundo de milagres.

Nas bibliotecas das cidades, estantes estão abarrotadas de livros sobre milagres, contando dezenas de histórias:

- Um cachorro fantasma surge do nevoeiro para afastar uma família do perigo.
- Um carona silencioso conduz um médico a um acidente com um ônibus escolar.
- Um anjo da guarda leva uma criança doente ao hospital.
- Um caminhoneiro salva uma pessoa depois de ouvir o pedido de socorro pelo rádio — porém tal pedido jamais foi feito.

Também li trechos de um livro intitulado *A Course in Miracles* (Curso de Milagres), escrito por Helen Schuchman. Onde ela obteve informações sobre como fazer milagres? Ela foi apresentada a uma voz que lhe contou tudo que precisava saber. "Não fazia som, mas parecia haver um tipo de ditado veloz e interno, que anotei em um bloco de taquigrafia. [...] Isso me deixou muito inquieta, todavia nunca me ocorreu parar. Parecia uma tarefa especial que de alguma maneira e em algum lugar eu tinha concordado em fazer."[2]

UM MILAGRE NÃO É NECESSARIAMENTE DE DEUS, SÓ PORQUE AJUDA AS PESSOAS.

Este manual de instruções elementares está repleto de referências a Deus, ao Espírito Santo e algumas ocasionais a Jesus. As premissas do livro têm muito em comum com o misticismo oriental: Partilhamos nossa vida com Deus, a natureza humana é fundamentalmente boa e os milagres existem, se reconhecermos o fato de que temos o poder de fazê-los. A morte é um sonho, não há julgamento e a salvação está entrando na liberdade que aguarda todo aquele que tem fé em si mesmo. Em tal mundo, os milagres são comuns.

Recentemente, um programa de televisão nos Estados Unidos mostrou a história de uma menina que estava em coma no hospital; acreditava-se que era santa. Prova disto é que uma estátua da virgem Maria produziu lágrimas quando a jovem foi levada para casa. Outros objetos religiosos também começaram a chorar, e óleo apareceu em vasos deixados onde foi feito um pequeno santuário. Muitas pessoas vão ver a criança doente, pedindo-lhe que reze por elas. Quando possível, os visitantes saem com uma gota do óleo santo. Alguns afirmam que foram curados.

ADVERTÊNCIAS PRELIMINARES

Jesus tinha muito a dizer sobre milagres:

Nem todo o que me diz: Senhor, Senhor! entrará no Reino dos céus, mas aquele que faz a vontade de meu Pai, que está nos céus. Muitos me dirão naquele Dia: Senhor, Senhor, não profetizamos nós em teu nome? E, em teu nome, não expulsamos demônios? E, em teu nome, não fizemos muitas maravilhas? E, então, lhes direi abertamente: Nunca vos conheci; apartai-vos de mim, vós que praticais a iniqüidade (Mt 7.21-23).

Jesus nos dá três advertências:

Primeira: um milagre não é necessariamente de Deus, apenas porque foi feito por alguém que chama Jesus de "Senhor". Há operadores de milagres que falam respeitosamente de Jesus, reconhecem que Ele é o Senhor, entretanto, mesmo assim, não são enviados por Deus. Para saber se um milagre é de Deus, é necessário que ele esteja baseado na sã doutrina; mas saiba que até sã doutrina não é prova absoluta de que um milagre é de Deus.

Segunda: um milagre não é necessariamente de Deus, só porque ajuda as pessoas. Neste texto, Jesus nos assegura que demônios foram de fato expulsos e milagres benéficos foram feitos. Contudo, os milagres não se originaram do poder de Deus.

O PROPÓSITO PRIMÁRIO DOS MILAGRES ERA AUTENTICAR A MENSAGEM DE CRISTO E DOS APÓSTOLOS.

Terceira: um milagre não é necessariamente de Deus, apenas porque o operador de milagres parece ter a garantia dos céus. Porventura ficamos imaginando se os falsos profetas e os operadores de milagres sabem que estão equivocados? Alguns, talvez, sabem que são impostores que deliberadamente exploram as pessoas. No entanto, outros são sinceros, crendo que seus dons milagrosos são de Deus. Por isso, Jesus nos dá mais esta advertência.

Repare que esses indivíduos esperavam estar dentro dos portões adornados de pérola! Eles ficaram surpresos e horrorizados por terem sido rejeitados. Eles pregavam um Cristo e o chamavam de Senhor, porém não eram convertidos! Podemos afirmar com absoluta certeza de que tais milagres foram feitos por pessoas que falavam continuamente sobre o céu, a vida eterna e temas semelhantes. Talvez sejam essas pessoas que falavam que não tínhamos de esperar o céu, mas que poderíamos ter tudo agora.

Entretanto, existem falsos profetas que também são cristãos genuínos? Há quem discorde, mas acredito que a resposta é sim. No meu ponto de vista, há indivíduos que são salvos, porém, não obstante, estão enganados sobre a habilidade de "ouvirem a voz de Deus". Outros têm poderes miraculosos que nunca foram provados, contudo, presumidos serem de Deus. Se você aprendeu que toda cura é de Deus, então é fácil ver por que os crentes genuínos são atraídos por falsos ensinos e falsos milagres. Isto explica por que a mesma boca que profere revelações ridículas pode, às vezes, oferecer ensinamentos bíblicos autênticos. Também explica por que a mesma pessoa que "caiu no espírito" pode mais tarde dizer às pessoas que elas precisam crer em Cristo para serem salvas.

Se perguntarmos por que Deus permite que exista tal mistura do falso e do verdadeiro — até talvez na mesma pessoa —, só podemos responder que é para nos provar. Esta, você lembra, é a razão dada por Deus aos israelitas quanto ao porquê de Ele permitir um falso profeta declamar uma profecia correta. "O Senhor, vosso Deus, vos *prova*, para saber se amais o Senhor, vosso Deus, com todo o vosso coração e com toda a vossa alma" (Dt 13.3; grifo meu).

Breve Histórico de Milagres

Os milagres aparecem em todas as páginas do Novo Testamento. "Quando nosso Senhor desceu à terra, Ele trouxe o céu consigo", escreveu B. B. Warfield no clássico *Counterfeit*

Miracles (Milagres Falsos).[3] Seu argumento é que os incontáveis milagres de Cristo — os quais poderiam chegar a centenas — nunca tiveram o proposto de continuar na dispensação da Igreja. Certamente os apóstolos também fizeram sinais milagrosos, mas depois do tempo deles, os milagres desapareceram da cristandade. Desapareceram, quer dizer, até alguns séculos depois, quando "reapareceram" como superstições copiadas. O folclore pagão, repleto de histórias de milagres, foi recontado na Igreja Cristã.

Quando o cristianismo chegou a Roma, entrou numa cultura em que abundava o que poderia ser chamado o "culto da espiritualidade". A fé nos deuses romanos significava crença nos poderes milagrosos. O propósito primário dos deuses, como os pagãos os viam, era beneficiar os seres humanos. Warfield declara que "os homens sobrenadavam num mundo de milagres como um peixe n'água".[4] Quanto mais milagrosa a história, mais era crida. A população em massa do Império Romano foi pega pela "gigantesca rede de superstição".

De forma interessante, há relatos de mortos sendo ressuscitados entre os pagãos. Numa era em que o conhecimento médico era limitado e as superstições, abundantes, havia pessoas que se supunham mortas e, depois, ressuscitavam. Se os cristãos tivessem indicado os milagres como prova de sua mensagem, o mundo pagão teria ficado impassível; eles afirmavam que também faziam milagres — havia até relatos fabulosos de ressurreição dos mortos.

Em vez de se afastar dessas histórias de milagre, a Igreja Cristã as aceitou (se bem que com licença interpretativa) e as tornou parte do folclore cristão. O nome de Jesus foi substituído pelo nome de um deus pagão. No nome de Jesus, ferrolhos de portas se abriam, ídolos eram derrubados, venenos ficavam inofensivos, os doentes eram curados e os mortos ressuscitados.[5] Em uma época de superstição, tais histórias foram aceitas como parte dos processos de milagre do cristianismo. Os relatos pagãos de milagres eram dependentes de rumores, descrições fragmentárias e folclore popular. Tristemente, os cristãos aceitaram as histórias, narrando-as em um contexto cristão.

O fato simples é este: O propósito primário dos milagres era autenticar a mensagem de Cristo è dos apóstolos. Cristo sempre associava suas afirmações com suas obras, provando que sua intenção não era curar tantas pessoas quantas possíveis, mas fazer uma variedade de milagres que convencesse os discípulos e os espectadores espiritualmente dispostos de que Ele era de fato o Cristo. Os apóstolos também fizeram milagres, dando o dom do Espírito Santo e, em alguns exemplos, capacitando outros pela imposição de mãos. Os milagres confirmaram a mensagem; eram testemunho de que uma nova revelação fora dada por Deus.

Claro que nem todos os sinais e maravilhas de hoje são fraudes, malignos ou não-bíblicos. Certamente há relatos de curas, "coincidências" milagrosas e outros acontecimentos semelhantes, normalmente em resposta às orações do povo de Deus. Infelizmente, também há milagres espúrios que iludem e enganam. Meu apelo é pela necessidade de discernimento e pela conscientização de que nem todas as ocorrências mila-

> O CRISTIANISMO NÃO É INIGUALÁVEL POR CAUSA DE SEUS MILAGRES.

grosas são de Deus. Também não temos o direito de esperar a repetição dos muitos milagres registrados nas páginas do Novo Testamento.

Jesus advertiu: "Porque surgirão falsos cristos e falsos profetas e farão tão grandes sinais e prodígios, que, se possível fora, enganariam até os escolhidos" (Mt 24.24). Em outras palavras, temos de ser extremamente cuidadosos quando julgarmos milagres. Podemos nos enganar de um modo ou de outro: Atribuir as obras do Diabo a Deus, e também nos colocar em perigo de atribuir as obras de Deus ao Diabo. A lição que Jesus quer ensinar é que o falso é tão parecido com o verdadeiro que é quase impossível reconhecer a diferença.

Separando o Falso do Verdadeiro

O cristianismo é uma religião sobrenatural. Concordo com o estadista missionário Hudson Taylor, que declarou: "Somos um povo sobrenatural nascido de novo por nascimento sobrenatural, sustentado por um Mestre sobrenatural de um Livro sobrenatural. Somos guiados por um Capitão sobrenatural em caminhos certos e vitórias seguras".[7] Entretanto, a natureza desse sobrenaturalismo deve ser julgada pela própria Bíblia. Visto que há muitos milagres feitos pelo "outro lado" do mundo sobrenatural, temos de levar em conta as advertências bíblicas e tentar discernir o verdadeiro do falso.

Há alguns princípios que espero que sirvam de ajuda.

O Evangelho versus Milagres

O poder do cristianismo é mais bem visto no evangelho, não em milagres físicos. Paulo escreveu: "... os judeus pedem sinal, e os gregos buscam sabedoria; mas nós pregamos a Cristo crucificado, que é escândalo para os judeus e loucura para os gregos. Mas, para os que são chamados, tanto judeus como gregos, lhes pregamos a Cristo, poder de Deus e sabedoria de Deus" (I Co 1.22-24).

Há quem ensine que podemos evangelizar com mais eficiência se tivermos sinais e maravilhas para autenticar a mensagem do evangelho. O *Movimento Vineyard*, iniciado nos anos setenta, ensina que nossas igrejas devem ser caracterizadas por curas, com "palavras do conhecimento" e falar em línguas. No capítulo anterior, falamos sobre os que "caem no espírito" na presença de pregadores de televisão, supostamente debaixo do poder do Espírito Santo. Há também relatos de visitas angelicais, predições sobre avivamentos iminentes e histórias pessoais afirmando praticamente qualquer "milagre" que se possa imaginar.

No entanto, muitos desses sinais e maravilhas estão mais de acordo com a hiperespiritualidade da cultura popular do que com os ensinos da Bíblia. Por exemplo, Peter Wagner apresenta cinco passos a serem seguidos para obter o milagre da cura. No quarto estágio, ele diz: "Às vezes, há um tremeluzir de pálpebras ou um tipo de aura que cerca a pessoa. Outras vezes, há outras manifestações".[8] Certo escritor afirma que, quando este dom é dado, há uma mudança na cor das mãos do evangelista que prova que "sua intercessão subiu e Papai está dizendo sim a... Porque quando minhas mãos ficam roxas significa que você chegou à Realeza; você chegou ao topo".[9]

Os evangelistas são incentivados a seguir a liderança daqueles que "escarnecem dos espíritos" nas preliminares de uma noite de curas. O finado John Wimber, que fundou o

Movimento Vineyard, declarou que os dois mais importantes milagres para impressionar os incrédulos são "cair no poder do Espírito e ganhar dentes de ouro".[10] Alguns profetas do Vineyard afirmam "pressentir Deus" quando as pessoas que buscam cura os procuram, e as paredes dos escritórios se dissolvem e eles têm visões do passado da pessoa. Nuvens com sinais de dólar aparecem sobre a cabeça das pessoas no auditório com problemas financeiros. John Armstrong está bastante certo quando escreve: "Cursos avançados de curas são oferecidos como se fossem treinamentos em artes mágicas".[11]

Tal abordagem combina perfeitamente com superstição, magia e as dimensões espirituais do *Movimento Nova Era*. Não admira que Wimber tivesse defendido a prática de empregar relíquias medievais na cura. "Na Igreja Católica, ao longo de um período de mais de 1.200 anos, as pessoas eram curadas tocando as relíquias dos santos. Nós, protestantes, temos dificuldade com isso, [...] mas nós, curandeiros, não devemos ter, porque não há nada teologicamente fora de contexto com essa prática."[12]

OS MILAGRES NUNCA DEVEM NOS EXIMIR DE NOSSA RESPONSABILIDADE DE MOSTRAR O EVANGELHO DA CRUZ.

Entretanto, temos de lembrar que o cristianismo não é inigualável por causa de seus milagres. Alan Cole, que serviu a Jesus em muitas culturas diferentes, escreve acerca do *Movimento Vineyard*:

> Nenhum destes sinais é novo para mim (curas, visões, línguas, exorcismos). Todavia, a dificuldade é que vi *cada um*

> *deles* (sim, línguas também) em religiões não-cristãs, e exteriormente não havia diferença nos sinais, a não ser que um fazia em nome de Jesus e o outro não. Claro que se a pessoa também estivesse crendo no evangelho, haveria mudança real e duradoura na vida. É por isso que não me empolgo com curas em si, porém entendo reverentemente como Jesus as usava com parcimônia e se retirava quando as multidões ficavam muito grandes.[13]

Mantenha em mente que "testemunhos de curas aparecem em todas as edições da *Sentinela* da Ciência Cristã. Os muçulmanos paquistaneses afirmam que um dos seus santos venerados, Baba Farid, cura as pessoas de doenças incuráveis. Milhares de hindus afirmam haver curas todos os anos no templo dedicado a Venkateswara, em Tirupathi".[14]

Precisamos de milagres para autenticar o evangelho?

Depois que Lutero publicou as Noventa e Cinco Teses e a Reforma estava em andamento, a Igreja Católica rebateu que tinha imagens que choravam e relíquias que se multiplicavam (essa é a explicação para as centenas de pedaços de madeira que se julgavam ser da cruz de Cristo). Além disso, Roma defendeu que tinha registrado aparições de Maria e Jesus. Curas milagrosas ocorriam quando os adoradores tocavam nas relíquias dos santos. "Onde estão os seus milagres?", a Igreja escarnecia dos reformadores.

Os reformadores insistiam que o evangelho tinha poder próprio. Paulo escreveu: "Porque não me envergonho do evangelho de Cristo, *pois é o poder de Deus para salvação de todo aquele que crê,* primeiro do judeu e também do grego" (Rm 1.16; grifos meus). Como citado anteriormente, quando o após-

> QUANTO MAIS MILAGRES JESUS FAZIA, MAIS CRESCIA A OPOSIÇÃO CONTRA ELE.

tolo chegou a Corinto, ele repreendeu as pessoas por buscarem sinais; e no que lhe concernia, enfatizou "... Cristo, poder de Deus e sabedoria de Deus" (I Co 1.24).

É interessante destacar que nenhuma igreja no Novo Testamento é julgada por não fazer mais sinais e maravilhas. Contudo, Paulo reprovou as igrejas por um evangelho indistinto (Galácia), e uma tônica excessiva nos dons com um espírito mundano (Corinto) e os perigos de aceitar uma visão gnóstica de Cristo (Colosso). As repreensões de Cristo às sete igrejas eram ou doutrinárias, ou morais, ou ambas. Nem uma vez sequer o Senhor sugeriu que eles precisavam de mais sinais e maravilhas.

Claro que temos de enfatizar que Deus pode fazer milagres e realmente o faz, porém é ininteligente evidenciá-los e deixar de lado a mensagem do evangelho. Os milagres nunca devem nos eximir de nossa responsabilidade de mostrar o evangelho da cruz

Milagres como Atos Redentores de Deus

"Mas" — já podemos ouvir a pergunta — "não havia abundância de sinais e maravilhas na Bíblia? Por que devemos pensar que Deus se limitou a esse período?" Como me disse certa pessoa: "Se Deus é o mesmo de eternidade a eternidade, por que suas obras não continuam em nosso tempo?"

Boas perguntas. Gostaria de começar dizendo que hoje pode haver sinais e maravilhas, pois não temos o direito de limitar Deus. Contudo, nossa primeira obrigação é descobrir o propósito bíblico desses fenômenos e depois julgar, por este padrão, as afirmações contemporâneas. Nas Escrituras, sinais e maravilhas são atos redentores de Deus. Ele "operou sinais e prodígios no meio de ti, ó Egito, contra Faraó e contra os seus servos" (Sl 135.9). Portanto, não devemos nos surpreender que o Novo Testamento aplique a expressão ao ministério de Cristo (At 2.22; veja também At 2.19; 4.30; 5.12). João chama os milagres de Cristo de *sinais*, os quais deviam levar as pessoas a crerem que Jesus era o Cristo (Jo 20.30,31).

Todavia — e isto é importante —, nem todos os sinais e maravilhas na Bíblia são atribuídos aos atos graciosos de Deus. "Os mágicos egípcios puderam se igualar com Moisés milagre por milagre", tornando as águas do rio Nilo em sangue, produzindo rãs e coisas semelhantes.[15] Foi somente na praga dos piolhos que os mágicos foram forçados a admitir fracasso (Êx 8.18). É interessante notar que essas "falsas maravilhas" não são interpretadas na Bíblia. Não nos é dito se esses mágicos fizeram os milagres por prestidigitação ou pelo poder do Diabo. Tudo que sabemos é que esses adivinhos "fizeram os mesmos" milagres de Moisés.

Os sinais e maravilhas registrados na Bíblia foram insuficientes para persuadir os não-convertidos a crer em Cristo. Quanto mais milagres Jesus fazia, mais crescia a oposição contra Ele. No Dia de Pentecostes, Pedro disse que Jesus era "... varão aprovado por Deus diante de vós com milagres [...] e sinais" (At 2.22, ARA), contudo, a maioria na multidão não foi levada à fé até que ouviram o evangelho pelos lábios de Pedro.

Talvez possamos resumir assim: Os milagres davam atestado da pessoa de Jesus para quem estava aberto à verdade; mesmo quem tinha dúvidas (como Tomé) foi tranqüilizado pelo aspecto milagroso. No entanto, os céticos ou negavam os milagres ou os atribuíam ao Diabo. Este raciocínio explica melhor por que Jesus fez milagres para que alguns cressem, porém, por outro lado, recusou fazer milagres para os verdadeiramente céticos. Mesmo hoje, não há evidência clara de que os não-convertidos ao verem milagres ficarão mais propensos a crer no evangelho.

Tenho de ressaltar mais uma vez que não estou dizendo que sinais e maravilhas autênticos não *possam* ou não *ocorram* hoje em dia. Não há evidência bíblica sólida de que o dom de milagres tenha sido rescindido. O que sabemos é que tais milagres são de menor importância que o testemunho límpido do evangelho e a busca pela santidade. Claro que podemos crer que Deus faz milagres hoje; não devemos ser levados a esperar que eles aconteçam de forma regular. E seguramente não podemos concordar com a noção moderna de que eles são necessários para tornar eficaz o evangelismo em uma cultura saturada por falsos milagres de todo o tipo.

Não podemos fazer melhor que citar as palavras de Jesus:

> *Uma geração má e adúltera pede um sinal, porém não se lhe dará outro sinal, senão o do profeta Jonas, pois, como Jonas esteve três dias e três noites no ventre da baleia, assim estará o Filho do Homem três dias e três noites no seio da terra (Mt 12.39,40).*

Atualmente, as multidões têm sede de sinais, porém não vão acreditar na evidência poderosa da morte e ressurreição de Cristo.

Não Há Promessa de Cura Instantânea

Não há promessa de que podemos ter um milagre (como a cura) se tão-somente termos fé para recebê-lo. O fato de Jesus ter curado tantas pessoas levou alguns a concluir que a cura divina é prerrogativa de todo cristão. Certos curandeiros da fé ensinam que é da vontade de Deus que todo cristão seja curado em todo tempo.

A teologia de muitos desses curandeiros presume que toda doença é do Diabo, que Jesus veio para derrotar Satanás e que, portanto, podemos ser curados sempre que satisfizermos as condições. Vinculado a tais suposições está a noção cruel de que se você não é curado, a culpa é sua: falta de fé, falta de tomar posse das promessas e, em alguns casos, falta de buscar o dom de línguas.

Não há como calcular a amplitude da devastação que este falso ensino trouxe a dezenas de milhares de crentes sinceros que buscaram a cura e não conseguiram. "Deus me abandonou!", lamentou uma senhora que me contava que a cura era sua, mas, por falta de fé, ela fora rejeitada por Deus. Essa mulher representa as incontáveis pessoas que aceitaram esta teologia sem saber que é seriamente capenga.

Paulo não foi curado do "espinho na carne" e veio a entender que esta aflição (possivelmente malária) era a vontade de Deus para ele (veja 2 Co 12.7-10).

Há casos nos Evangelhos em que Jesus põe a responsabilidade pela ausência de milagres nas pessoas que se recusaram a crer (Mt 13.58). Entretanto, em nível pessoal, Jesus nunca tentou curar uma pessoa e se afastou sem curá-la, porque ela não tinha fé o suficiente. Era comum Ele curar soberanamente as pessoas sem exigir fé. Este não parece ser o padrão claro no ministério de cura de Jesus.

A mais bem conhecida promessa de cura divina encontra-se em Isaías 53, que nos fala que "... pelas suas pisaduras, fomos sarados" (v. 5). Cristo se ocupou da tarefa de curar pessoas para que estas palavras se cumprissem: "Ele tomou sobre si as nossas enfermidades e levou as nossas doenças" (Mt 8.17). Pedro escreveu: "... levando ele mesmo em seu corpo os nossos pecados sobre o madeiro, para que, mortos para os pecados, pudéssemos viver para a justiça; e pelas suas feridas fostes sarados" (I Pe 2.24).

Os teólogos que não crêem em cura divina labutam para provar que a cura mencionada nessas passagens é espiritual, não física. Contudo, o contexto em Mateus e a implicação de Pedro são que Cristo realmente morreu por nosso corpo físico. É consistente com a Bíblia afirmar que Jesus veio resgatar o homem inteiro — corpo, alma e espírito.

No entanto, isto significa que podemos ser curados fisicamente sempre que de forma devota satisfizermos as condições? É óbvio que a resposta é não. Embora Cristo tenha morrido por nosso corpo, como também por nossa alma, não veremos o cumprimento desse aspecto de nossa redenção até que sejamos ressuscitados em glória. Cristo veio para nos resgatar do pecado, mas ainda temos uma natureza pecaminosa; Ele veio para destruir a morte, contudo, ainda morremos; Ele veio para resgatar nosso corpo, porém ainda estamos sujeitos a acidentes, venenos e a fragilidade da carne. Nosso corpo ressuscitado foi comprado por Cristo, entretanto, no presente o corpo que cuidadosamente alimentamos está sujeito a doenças. Claro que chegará o dia em que o

> A ORAÇÃO CAPACITOU JESUS A JUNTAR FORÇAS PARA CUMPRIR SUA TAREFA; NÃO FOI O MEIO DE LIVRÁ-LO DELA.

inimigo chamado Morte será tomado, mas ainda não é hoje.

Temos de admitir humildemente que não há promessa que diga que podemos ser curados sempre que desejamos, bastando apenas ter fé. Se houvesse, não teríamos de morrer até que o Senhor voltasse. Poderíamos apenas reivindicar nossa cura repetidas vezes. Você não deveria ficar surpreso ao saber que atualmente há pessoas que pensam ser possível ter uma vida infinita, baseando-se em promessas divinas. Conheci um homem, já falecido, que acreditava que viveria até à volta de Jesus. Todavia, até o curandeiro da fé, a quem ele muito admirava, hoje está morto.

Muitos que ensinam que a cura divina está imediatamente disponível usam óculos, contraem artrite e se servem de aparelhos auditivos. Todas estas debilidades dão testemunho eloqüente do fato de que, nesta vida, temos só o começo da redenção. Às vezes, Deus cura de fato (particularmente como vemos no ministério de Cristo); mesmo assim, a cura é apenas um adiamento da futura doença e morte. As curas que Jesus fez na terra não eram permanentes. As pessoas que ele curou morreram.

Este equívoco das promessas da Bíblia é fonte de muito tormento na comunidade cristã. As pessoas que reivindicam cura, que insistem que Deus é obrigado a cumprir o que prometeu, acabam se sentindo traídas. Quando a cura não ocorre, elas mencionam estes versículos e dizem que não se pode confiar em Deus. Ou tentam achar outra razão, como incredulidade ou pecado não confessado, para explicar por que não foram curadas. Considerando que ouviram Deus corretamente, elas assumem a culpa para proteger a reputação de Deus.

Certo escritor carismático admitiu que a teologia não-bíblica sobre a cura gera suplício e confusão. Ele escreveu:

> Teologia ruim é mestra cruel. [...] Os pastores têm de tratar das feridas depois que mestres e evangelistas itinerantes vão embora e as ovelhas saqueadas são deixadas para trás. Nada podemos fazer sem um adequado estudo bíblico de cura. Precisamos de uma teologia que enfrente os fatos com honestidade; freqüentemente digo aos meus alunos: "Se sua teologia não se ajusta aos fatos, mude sua teologia". Afinal de contas, Jesus não é um cientista cristão.[16]

Teologia ruim é mestra cruel.

O mais perto que Jesus chegou no uso de uma oração como meio de escapar de sofrimento físico e espiritual foi quando orou no jardim do Getsêmani: "Aba, Pai, todas as coisas te são possíveis; afasta de mim este cálice; não seja, porém, o que eu quero, mas o que tu queres" (Mc 14.36).

Jesus tinha todo o direito de pedir ao Pai tudo o que quisesse; por que Ele não insistiu em ficar livre da iminente tortura da cruz? A resposta é que *era da vontade de Deus que Jesus sofresse*. A oração no jardim do Getsêmani foi o meio que Jesus usou para receber a graça e o poder a fim de fazer a vontade de Deus. A oração capacitou Jesus a juntar forças para cumprir sua tarefa; não foi o meio de livrá-lo dela.

Não vemos evidência no Novo Testamento de indivíduos exercendo um ministério de curas, dispensando saúde aos que se chegavam a eles. Ocasionalmente, Pedro e Paulo curaram os doentes, porém era fato incidental ao ministério evangelístico/discipular que desempenhavam. Em primeiro lugar, eles não eram conhecidos como curandeiros, mas como evangelistas que iniciavam diálogo com as pessoas para falar sobre o Messias.

Não nos esqueçamos de que Deus *às vezes* cura o corpo, mas *sempre* cura a alma de quem se aproxima dEle com humildade e fé. "... sara os quebrantados de coração e liga-lhes as feridas" (Sl 147.3). Nosso maior desafio é sempre manter nossas prioridades dentro dos ditames bíblicos.

Podemos ser gratos pelo *Movimento Carismático* nos desafiar a esperar maiores coisas de Deus. No entanto, não ousemos elevar os supostos dons sobrenaturais acima da busca de santidade pessoal, evangelismo e discipulado sincero.

Desejo muitas vezes que os curandeiros da fé apresentem-se nas câmeras de televisão e digam aos espectadores: *É melhor ser santo que ser curado.*

Os Milagres Beneficiam o Povo de Deus

Deus é gracioso em dar chuva e sol a justos e injustos. Nesse sentido, Ele abençoa o mundo inteiro. Mas também há atos especiais de providência, ocasiões particulares de intervenção que Deus faz em benefício do seu povo.

Convidar as pessoas para serem curadas ou receberem um milagre sem saber no que crêem a respeito de Jesus ou qual é o estilo de vida que advogam parece estar em desacordo com o ensino da Bíblia. Participei de um culto de curas realizado por um curandeiro da fé, que reputava-se ser usado por Deus para fazer milagres. Digo *reputava-se,* porque eu estava bem perto da plataforma para fazer perguntas aos que "afirmavam estar curados", e, em conversas posteriores, fiquei sabendo que muitos não experimentaram um milagre, apesar das afirmações do milagreiro.

O que me chamou a atenção foi um homem que supostamente fora curado de surdez. Ele foi à plataforma para "dizer" que ouvia, e o evangelista "testou" a capacidade de audição do homem e milhares de pessoas aplaudiram, alegrando-se com o milagre. Mas quando o homem curado estava saindo da plataforma, o evangelista perguntou: "A propósito, você é cristão?" Ele respondeu: "Não, sou muçulmano". Pediram, então, que ele voltasse para receber uma oração especial.

Obviamente, Deus pode, se quiser, curar alguém de qualquer religião, mas não encontro exemplos semelhantes na Bíblia. Os milagres não eram feitos indiscriminadamente, sem considerar em que as pessoas criam ou a qual Deus elas serviam. Isso não quer dizer que todos que Cristo curou já criam nEle como o Filho de Deus; todavia, ao que me consta, eles acabaram crendo em Jesus após a realização do milagre.

É por isso que acredito que os dons de curar no Novo Testamento tinham de ser exercidos dentro do contexto da igreja local. Assim, quem precisasse de cura seria conhecido pela liderança, que averiguaria o compromisso espiritual e estilo de vida da pessoa por quem era orado. Os apóstolos faziam milagres nas vizinhanças de Jerusalém, porque havia muitas pessoas que tinham crido que Jesus era o Messias. Mas em nenhuma parte das epístolas temos menção de cultos de cura, onde as pessoas eram convidadas para serem curadas sem levar em consideração seu estilo de vida e sua religião.

Há quem use a expressão "dom de curar", entretanto, por três vezes o apóstolo Paulo usou o plural "dons de curar" para aludir à capacitação especial de poderes milagrosos (I Co 12.9,28,30, ARA). Este uso do plural é forte indicação de que havia diferentes dons de curar. Quem sabe, como sugere D. A. Carson, nem todos ficavam curados por uma pessoa, e talvez alguns que tinham um destes dons poderiam curar certas doenças ou curar uma variedade de doenças em certas ocasiões. Assim, mesmo que alguém fosse curado pelos dons de uma pessoa em determinado momento, isso não quereria dizer que um "dom de cura" fora dado ao indivíduo e que ele deveria abrir um ministério de tempo integral.[17] É interessante mencionar que Paulo, que exerceu o dom de curar, deixou Trófimo doente em Mileto (2 Tm 4.20). Evidentemente, nem seu dom podia ser usado em toda situação.

Não argumentarei, como alguns, que esses dons saíram de cena com a morte dos apóstolos, embora já tenhamos mostrado que houve um declínio abrupto de milagres no século II. Concordaríamos que Cristo, que é o Senhor da Igreja, até hoje pode dar esses dons de acordo com sua vontade.

No entanto, é evidente que tais dons seriam exercidos pelo povo de Deus em benefício do seu povo. Não há sugestão de que estes dons e bênçãos que acompanham o povo fossem para os que cressem em tudo o que quisessem.

Alguns programas de televisão refletem a noção cultural de que Deus faz milagres para as pessoas, independente do que crêem e do modo como vivem. E descobrimos que os milagres feitos em santuários perpetuam a mesma idéia. Isto é tão importante que em outro capítulo analisaremos o tópico com mais detalhes.

Oração e a Vontade de Deus

Deus faz milagres hoje em resposta à oração e de acordo com sua vontade.

> *Está alguém entre vós aflito? Ore. Está alguém contente? Cante louvores. Está alguém entre vós doente? Chame os presbíteros da igreja, e orem sobre ele, ungindo-o com azeite em nome do Senhor; e a oração da fé salvará o doente, e o Senhor o levantará; e, se houver cometido pecados, ser-lhe-ão perdoados. Confessai as vossas culpas uns aos outros e orai uns pelos outros, para que sareis...* (Tg 5.13-16)

Esta passagem em Tiago não pode ser interpretada com o sentido de que o crente sempre será levantado; a lógica exigiria que, se assim fosse, poderíamos evitar a morte. A resposta a esta oração é dependente da "oração da fé", que significa que em situações específicas Deus pode conceder aos presbíteros fé para crer no restabelecimento de um indivíduo; em outros casos, eles podem não ter essa fé. O "levantar" ocorre somente quando Deus dá o dom da fé para aquela situação em particular. É-nos impossível produzir semelhante fé por conta própria.

Note também a conexão entre a cura física e a confissão de pecados. Aqui, temos um argumento veemente contra a idéia de que a cura está disponível a todos, sem fazer perguntas. Tem sido minha experiência que Deus, às vezes, levanta a pessoa em resposta à oração e, outras vezes, não. No final das contas, temos de deixar essa questão nas mãos dEle. Como o próprio Jesus orou: "... faça-se a tua vontade" (Mt 26.42).

Milagres no nome de Jesus, para a glória de Deus, ocorrem na atualidade. Todavia, se temos de julgar todas as coisas, como Paulo nos fala (I Ts 5.21, ARA), devemos estar dispostos a investigar se a experiência satisfaz os critérios bíblicos. Em nossos dias confusos, claro que discernimento é mais importante que nunca.

Que Deus nos ajude a ter o equilíbrio divino: "Não extingais o Espírito. Não desprezeis as profecias. Examinai tudo. Retende o bem. Abstende-vos de toda aparência do mal" (I Ts 5.19-22).

NOTAS

Trechos deste capítulo aparecem em *Seven Convincing Miracles: Understanding the Claims of Christ in Today's Culture* (Sete Milagres Convincentes: Entendendo as Afirmações de Cristo na Cultura de Hoje), de Erwin W. Lutzer (Chicago: Moody, 1999).

1 *Chicago Sun-Times*, 12 de outubro de 1998, p. 11.

2 Helen Schuchman, *A Course in Miracles* (Glen Ellyn, Illinóis: Foundation for Inner Peace, 1992), p. viii.

3 B. B. Warfield, *Counterfeit Miracles* (Londres: Banner of Truth, 1918), p. 3.

4 Ibid.

5 Ibid., p. 20.

6 Ibid., p. 26.

7 Hudson Taylor, citado por K. Neil Foster, *Sorting Out the Supernatural* (Camp Hill, Pensilvânia: Christian Publications, 2001), p. 8.

8 Peter Wagner, *How to Have a Healing Ministry Without Making Your Church Sick!* (Ventura, Califórnia: Regal, 1989), p. 228, citado por John H. Armstrong, "In Search of Spiritual Power", em Michael Scott Horton, editor, *Power Religion: The Selling Out of the Evangelical Church?* (Chicago: Moody, 1992), p. 74.

9 Bob Jones, "Visions and Revelations", fitas de áudio, 1989, citado por John H. Armstrong, "In Search of Spiritual Power", *Power Religion*, p. 75.

[10] John Wimber, citado por C. Peter Wagner, *The Third Wave of the Holy Spirit* (Ann Arbor, Michigan: Servant, 1999), p. 96; em John H. Armstrong, "In Search of Spiritual Power", *Power Religion*, p. 76.

[11] John H. Armstrong, "In Search of Spiritual Power", *Power Religion*, p. 76.

[12] John Wimber, Church Planting Seminar (3 fitas de áudio, 1981), citado por John Goodwin em *Media Spotlight* (1990), p. 24; em John H. Armstrong, "In Search of Spiritual Power", *Power Religion*, pp. 76,77.

[13] Alan Cole, *The Southern Cross* (Abril de 1987), p. 13 (grifos dele), citado por D. A. Carson em "The Purpose of Signs and Wonders in the New Testament", *Power Religion*, p. 95.

[14] Don Carson, "The Purpose of Signs and Wonders in the New Testament", *Power Religion*, p. 95.

[15] Ibid., p. 94.

[16] Charles Farah, "A Critical Analysis: The 'Roots and Fruits' of Faith-Formula Theology", em D. A. Carson, editor, *Showing the Spirit: A Theological Exposition of 1 Corinthians 12—14* (Grand Rapids: Baker, 1987), p. 177.

[17] D. A. Carson, *Showing the Spirit*, pp. 39,40.

6

QUANDO JULGAR ENTRETENIMENTO

Quanto de Hollywood Devemos Permitir que Entre em nossa Casa?

Como você reagiria se alguém fosse arrombar sua casa e seqüestrar seus filhos? Você diria: "Isso não vai acontecer; as portas estão trancadas, o alarme está ligado e a polícia está pronta para pegar o criminoso." Estaria disposto a morrer para proteger seus filhos.

E se eu lhe dissesse que crianças — sim, até as crianças de lares cristãos — estão sendo seqüestradas bem de dentro de nossa casa? O Inimigo passa por portas e janelas trancadas. Na verdade, o corpo das crianças é deixado em casa, mas o coração foi seduzido para servir outros senhores. Sua lealdade foi transferida ao que o apóstolo Paulo chamou "o deus deste mundo" (2 Co 4.4, NTHL).

O mais surpreendente é que muitos pais estão na companhia desses ladrões. Eles cooperam com apoio e participação no plano de batalha do Inimigo. Se jovens com seus vinte e poucos anos fossem roubados, argumentaríamos que eles têm idade o suficiente para se defender; porém, há adolescentes com idade de doze e treze anos que estão sendo engodados, enquanto os pais se preocupam em ganhar a vida e esgotam as forças com os seus diversos compromissos.

Neste capítulo, entramos no âmbito regido pelo deus deste mundo. O teor a ser tratado aqui será aceito por muitos, mas infelizmente fico imaginando quantos mudarão de estilo de vida em resultado da leitura deste material. Quem já está fisgado pela indústria de entretenimento acha difícil se separar das coisas que corroem a alma. Verdade seja dita, todos estamos em perigo de nos vender ao deus deste mundo.

Quem são esses ladrões que vieram capturar o coração de nossos filhos e já reinam no coração de muitos adultos? Em algumas palavras, podemos afirmar que são os diversos tipos de mídia, a indústria de entretenimento que mirou nossos filhos para obter controle maciço. Isso inclui o cinema, a Internet e a música.

Quando assistimos a um filme, pensamos estar apenas nos entretendo; mas o fato é que estamos sendo educados. Nossos valores e atitudes estão sendo elevados ou destruídos; ou a educação é para o nosso bem ou, no final das contas, para o nosso mal. Se Hollywood faz um filme de classificação R,[1] com sexo e violência, os produtores sabem que os adolescentes o verão. Oitenta por cento dos adolescentes abaixo de dezessete anos dizem que conseguem ver filmes para maiores de dezoito anos.[2] Estes filmes, a despeito de avaliação e conteúdo, moldam a opinião dos adolescentes acerca do que constitui comportamento sexual normal; os cinemas influenciam as atitudes pertinentes à integridade, violência e valores. No falso mundo criado pelos produtores, sentimentos poderosos correm soltos.

Quando estão no teatro, os adolescentes estão sendo educados sobre a maneira de tratar o sexo oposto, como devem se vestir, o valor da vida e o que é importante no mundo. As classificações de filmes ficam sem sentido de ser. Primeiramente, porque os produtores ultrapassam o limite, sempre querendo ampliar as fronteiras da decência; e em segundo lugar, porque mesmo filmes de classificação G[3] podem conter temas de rebelião, ocultismo e moralidade questionável. Na realidade, o sistema de classificação contribui para escorregarmos no tobogã moral. Tudo que o produtor precisa fazer é conseguir que seu programa obtenha classificação PG-13,[4] pois então ele poderá produzir o que desejar. Larry Poland, da Mastermedia, faz este comentário a respeito da grade de classificação: "É um caso da raposa que cuida do galinheiro".

"Queremos que as pessoas riam de adultério, homossexualidade e incesto", disse um roteirista, "porque a risada quebra a resistência a esses temas." Pense nisto: Muito mais da metade de crianças abaixo de dezoito anos viram filmes de classificação X[5] e 25% tentaram copiar o que viram poucos dias depois de vê-los.[6] Não admira que tenhamos crianças de doze anos tentando molestar outros colegas. Certo programa de televisão gastou uma hora inteira fazendo uma observação: Se alguém é adolescente e não faz sexo, provavelmente é homossexual. Pense nas mensagens destrutivas que são enviadas a nossos filhos!

Além da imoralidade e violência, muitos programas de televisão são dedicados a promover o ocultismo. Programas e séries apresentam bruxas, feitiços e magia de vários tipos.

Considerando que o ocultismo está exercendo tamanha influência pela mídia e por nossa cultura, um capítulo inteiro será dedicado a este tópico neste livro.

Em seguida, temos a música *rap* com sua letra suja, linguagem obscena e imagens sexuais violentas. Essas palavras e sentimentos se embutem na mente dos adolescentes: palavras e imagens carregadas de valores e impulsos imorais encontram guarida nos seus corações. Muitos de nós que somos mais velhos não fazemos a menor noção das obscenidades e idéias comunicadas por este meio poderoso. Considerados juntos, múltiplos milhões de álbuns de *rap* são vendidos a cada ano, muitos contendo as imagens mais vulgares, ignóbeis, degradantes, exploradoras e violentas que se possa imaginar.

> O NÍVEL DE HOSTILIDADE E FUROR CONTRA A RELIGIÃO NA INDÚSTRIA DE ENTRETENIMENTO É MUITO EVIDENTE.

Pense no que significa ter estas influências aviltantes infiltradas nas casas desta nação. Ficamos surpresos quando os adolescentes cometem crimes, mas deveríamos? No século XVIII, Andrew Fletcher, patriota escocês e antiunionista, disse excelentemente: "Se fosse permitido que uma pessoa fizesse todas as baladas, ela não se importaria com quem faria as leis de uma nação".[7]

A MTV, com sua ênfase no sexo — qualquer tipo de sexo com quem quer que seja e em qualquer tempo — é assistida fielmente por milhões de adolescentes, que se identificam com as imagens e veementes expressões sexuais. O que o menino outrora sentia sexualmente quando tinha dezessete anos, hoje sente com a idade de doze anos. Muitos homens que são escravos da pornografia dizem que começaram com a idade de doze ou treze anos, e quando trilham a estrada das fantasias sexuais, descobrem que simultaneamente gostam e odeiam. Por mais que tentem, eles não conseguem se livrar de um ou mais tipos de hábito sexual.

As restrições e cuidados de gerações anteriores acabaram. As jovens têm vergonha de dizer que são virgens. Os rapazes exploram as moças e ridicularizam quem se mantenha fiel a padrões de decência. O desvio de comportamento sexual se tornou parte tão incrustada na sociedade, que os pais não podem confiar nos professores de seus filhos e as crianças não podem confiar em outras crianças. Não admira que os Centros para Controle de Doenças — agências federais americanas que trabalham para proteger a saúde e segurança das pessoas — relate que haja quarenta mil novos casos de doenças sexualmente transmitidas a cada dia nos Estados Unidos.

A Internet, com todo o seu potencial para o bem, também abriu as portas para a pornografia e o lixo. Ainda nesta semana, uma mãe cristã contou-me que seu filho começou a acessar pornografia infantil e agora está na prisão por expressar em ações o que viu. Certo cristão deu um testemunho diante de vinte e oito homens em um estudo bíblico, contando como Deus o libertara da pornografia da Internet. Vinte e dois desses indivíduos do grupo admitiram ter experimentado pornografia na Internet e lutado com a mesma questão.

Claro que Hollywood e os produtores de pornografia dizem que tudo isso é só entretenimento e não afeta o comportamento. Todavia, esse argumento é tolice, quando pensamos nos bilhões de dólares gastos em anúncios na televisão todos os anos. Se os comerciais não afetam o que fazemos, por que se gasta tanto dinheiro com eles? Todo crime sexual imaginável foi influenciado pela pornografia. O fato é que todos sabemos que somos afetados pelo que vemos, e as coisas estão piorando, não melhorando.

Não podemos pôr a culpa de tudo isso nas portas de entrada de Hollywood e dos produtores de pornografia. Eles prosperam, porque há mercado para seus produtos; eles apelam para nossos instintos mais básicos, sabendo que os seres humanos tendem a gravitar em torno do caminho da menor resistência. Esses homens estão somente se aproveitando de nossa natureza caída e explorando a inclinação que temos para satisfazer nossos desejos. Para eles, é lucrativo destruir a decência em todos os níveis. Isso me faz lembrar das palavras de G. K. Chesterton, que disse que *a ausência de significação não ocorre porque a pessoa está cansada de sentir dor; a ausência de significação ocorre porque a pessoa está cansada de sentir prazer.*

Se você estiver contando com eles para assumir responsabilidade, desista. A indústria de entretenimento não se importa com valores que não os próprios. É impulsionada por lucros. E o alvo é enganar nossos filhos para que fiquem viciados com a música, sexo, pornografia e violência da mídia. Neste caso, eles podem contar que nossos filhos serão seus clientes pelo resto da vida.

> NÃO FICAREMOS SEM AÇÃO, SE FORMOS CRIATIVOS E CORAJOSOS.

O crítico de cinema, Michael Medved, declara que o nível de hostilidade e furor contra a religião na indústria de entretenimento é muito evidente. Os produtores desdenham todo aquele que advoga princípios bíblicos ou o que se poderia chamar "valores familiares". Quando os cristãos são retratados na mídia, são apresentados como hipócritas, desmerecedores de respeito ou consideração séria. Por que não aceitamos o fato de que, em sua maioria, os que produzem entretenimento não são nossos amigos, mas indivíduos gananciosos que prosperam na riqueza e fama?

Estes são os monstros que entram em nossa casa e roubam o coração de nossos filhos. A título de "entretenimento", crianças, adolescentes e adultos vêem, ouvem e sentem o impacto de valores e imagens degradantes. Muitas crianças boas, de casas cristãs e não-cristãs, estão em perigo, pois enfrentam o bombardeio diário da mídia que intencionalmente as leva a caminhos destrutivos.

Nossa Paralisia

Se a situação é no mínimo parcialmente tão ruim quanto fiz que fosse, por que não fazemos algo a respeito? Não estou falando sobre marchas em Hollywood ou boicotes de teatros, ainda que essas práticas tenham certo valor limitado. Contudo, o fato é que temos de fazer algo por conta própria, se é que nos importamos com nossos filhos e netos.

Por que não agimos?

Primeiramente, estamos em módulo de negação. Sabemos que o problema está por aí em algum lugar, mas pela razão de ser tão predominante pensamos que se olharmos para o outro lado, vai acabar. Os pais são intimidados, temendo o que acontecerá se tentarem exercer autoridade sobre os filhos. Imaginamos que, orando, Deus protegerá nossos jovens de alguma maneira. Em nosso coração esperamos que, de algum modo inexplicável, eles não sejam influenciados pelo que vêem. Este é um desejo infrutífero.

Ao término deste capítulo, darei sugestões específicas sobre o que pode ser feito em prol de nossos filhos — e por nós. Não ficaremos sem ação, se formos criativos e corajosos. Não podemos nos submeter ao Inimigo e, ao mesmo tempo, entreter a esperança de que ganharemos a batalha. Há muita coisa em jogo, e, acima de tudo, somos representantes do Deus Todo-poderoso. Ele não nos deixou impotentes para nos levantar contra os ataques violentos do mundo.

Em segundo lugar, nós, por sermos adultos, somos culpados. Não queremos ser duros demais com nossos filhos para que não tenhamos de pôr em ordem nossos próprios atos. Certo homem, que se deu conta de que seu filho de doze anos era fascinado pelas fotos de Traje de Banho da *Sports Illustrated*, ficou boquiaberto, visto que ele (o pai) era assinante da revista e também "comia com os olhos" as fotos. Preferimos pensar que não há nada com que se alarmar. Perdemos nossa autoridade moral porque, em nosso coração, sabemos que somos tão vulneráveis às luxúrias do mundo quanto nossos filhos.

> QUANDO O PECADO ASSUME O CONTROLE, A CONSEQÜÊNCIA É QUE A DEFESA PRÓPRIA E A SATISFAÇÃO DAS PRÓPRIAS ESPERANÇAS POR ESFORÇO PESSOAL SE TORNAM NOSSAS OCUPAÇÕES PRIMÁRIAS.

Penso no pai que disse: "Meu filho está todo emporcalhado pela música *heavy metal* e exposição a vídeos sexuais da MTV em tenra idade. Mas você não pode *me* culpar pelos problemas dele. Nunca estou em casa".[8] Assim, em vez de assumirmos a responsabilidade como pais, retrocedemos, achando desculpas e esperando que o melhor aconteça. Os pais cristãos pensam que podem ver pornografia e violência com segurança e depois justificar o ato, dizendo: "Estou apenas olhando; eu nunca *faria* isso".

Em terceiro lugar, não entendemos a batalha. Não percebemos que nosso verdadeiro Inimigo não é Hollywood, nem quem produz e escreve pornografia, nem quem faz música *rap* vulgar. Podemos nos levantar contra essas forças e vencer; porém, quando entramos no território do Diabo, estamos em combate corpo a corpo. É onde ele reina; é onde ele exerce seu poder e reivindica domínio. Na realidade, tenho certeza de que o Diabo enfatiza o texto bíblico que diz que ele é "o deus deste mundo", insistindo que os cristãos não têm o direito de invadir seu território. Ele lutará conosco até a morte, *nossa* morte. Mas podemos vencê-lo — e devemos.

Testando o que Entra em nossa Casa

Quanto de Hollywood devemos permitir que entre em nossa casa? Aonde traçar os limites? E como orientar nossos filhos para que façam um sulco reto em um mundo torto? Vou lhe apresentar três testes que nos ajudam a decidir o que é e não é apropriado. Todo material que passar por estes três testes tem a permissão de entrar confiantemente em nossa casa.

Chegou a hora de tomar o remédio forte. Entretanto, o remédio, se é assim que o chamamos, vem diretamente da Bíblia. Não temos o direito de nos acomodar ao espírito deste século, se queremos que esta oração seja respondida para nós e nossas famílias: "E o mesmo Deus de paz vos santifique em tudo; e todo o vosso espírito, e alma, e corpo sejam plenamente conservados irrepreensíveis para a vinda de nosso Senhor Jesus Cristo. Fiel é o que vos chama, o qual também o fará" (I Ts 5.23,24).

É muita hipocrisia a pessoa rir de algo que Deus odeia. É hipocrisia vermos e participarmos do que aflige nosso Senhor. Ou aceitamos o padrão de Deus ou seremos engodados pelo poder sedutor do mundo.

O Teste do Conteúdo

Nosso primeiro teste é o do *conteúdo*. Devemos perguntar se o filme, música ou material de Internet que entra em nossa casa agrada ao Senhor.

> *Não ameis o mundo, nem o que no mundo há. Se alguém ama o mundo, o amor do Pai não está nele. Porque tudo o que há no mundo, a concupiscência da carne, a concupiscência dos olhos e a soberba da vida, não é do Pai, mas do mundo. E o mundo passa, e a sua concupiscência; mas aquele que faz a vontade de Deus permanece para sempre (1 Jo 2.15-17).*

Tiago faz a mesma observação: "Adúlteros e adúlteras, não sabeis vós que a amizade do mundo é inimizade contra Deus? Portanto, qualquer que quiser ser amigo do mundo constitui-se inimigo de Deus" (Tg 4.4). Apenas imagine: Se escolhemos o mundo como nosso amigo, tornamos Deus nosso inimigo. Todos os dias somos forçados a tomar partido.

Que mundo é este sobre o qual somos avisados a não amar?

Primeiramente, João se refere à "concupiscência da carne", quer dizer, o desejo sexual proibido que abrange extensa gama de expressões: pornografia, adultério, homossexualidade, luxúria e coisas semelhantes.

Em segundo lugar, há "a concupiscência dos olhos", que também inclui estímulos sexuais, mas no âmago desta expressão está a cobiça, quer dizer, o desejo do que não é nosso. A indústria da publicidade sabe que pode contar conosco para querermos o que os outros têm, por isso, tentam nos fazer sentir insatisfeitos com tudo, desde pasta de dentes a carros — tão descontentes que acabamos optando pela outra marca anunciada.

> SATANÁS NÃO REAGE A EXPLICAÇÕES AMÁVEIS.

E finalmente, há o orgulho, "a soberba da vida", que pode ser definido por ocupação consigo mesmo. Amar o mundo é, em sua base, adorar o deus do ego, ou seja, nossa tendência de satisfazer desejos legítimos de modo errado. Quando o pecado assume o controle, a conseqüência é que a defesa própria e a satisfação das próprias esperanças por esforço pessoal se tornam nossas ocupações primárias.

O que Deus acha destas três expressões de nossa natureza caída? Falando de quem segue estes caminhos, João afirma: "... o amor do Pai não está nele". Como citado acima, Tiago se expressa com mais força, dizendo que amar o mundo é tornar-se inimigo de Deus.

Todos já passamos pela experiência de assistir a um programa de televisão picante e, sendo sensíveis ao Espírito Santo, quase podemos sentir nosso amor por Deus se escoar de nossa alma. Sentimos aquela sensação interior de impureza, a certeza de que violamos o mais sublime desejo de Deus para nós. Pior, ficamos cônscios de que aquEle a quem amamos ficou triste conosco.

Por que o amor do mundo é tão sério? Se amamos o pecado, não amamos apenas o que Deus odeia, amamos o que pôs Jesus na cruz. Suponhamos que seu filho tenha sido assassinado; você guardaria a faca que o matou num estojo especial para ser admirada? Você diria a seus amigos: "Vejam quanto é afiada essa lâmina; e reparem em sua simetria esplêndida!" Da mesma forma, quando amamos o pecado, amamos o que matou Jesus.

Perceba que Satanás está por trás desta agressão nos valores bíblicos. O primeiro exemplo de violência na Bíblia foi satânico. Caim matou Abel, e o Novo Testamento identifica que o assassino "era do maligno" (I Jo 3.12). A imoralidade das pessoas que viviam antes do dilúvio era um violento ataque diabólico. Os espíritos que ativamente inspiravam todas as formas de comportamento imoral eram tão perversos, que hoje estão confinados no Tártaro ("inferno", 2 Pe 2.4). Então, hoje, estamos envolvidos em conflito satânico.

Satanás não reage a explicações amáveis; ele não joga segundo as regras, portanto não se renderá sem luta. Ele quer reger este mundo e por isso o afogou em sensualidade e rebelião. Ele está determinado que nós, como cristãos, nos tornemos membros relutantes no seu programa de trabalho. A informação em si não nos mudará. Pedir às pessoas — ainda que cristãs — que abandonem os pecados que alimentam seus desejos é querer briga. Talvez o fato de termos caído tanto signifique a razão de acharmos que o padrão bíblico é muito alto.

Quanto de Hollywood você deve deixar que entre em sua casa? Submeta o quesito ao teste do conteúdo: Incita meus desejos inatos à concupiscência da carne, à concupiscência dos olhos e à soberba da vida? É este o tipo de música ou filme a que eu assistiria se Jesus fosse meu convidado para jantar?

Ao término deste capítulo darei algumas sugestões práticas com orientação espiritual que o ajudarão a deter o ataque violento do reino das trevas. A guerra pela mente desta geração é vencível. Temos apenas de lutar em muitas frentes.

O Teste do Controle

Richard Price disse na revista *Movieline*: "Há somente uma coisa mais poderosa que as drogas: o cinema".[9] Claro que se um filme passar no teste do conteúdo, será do tipo que podemos convidar para entrar em nossa casa. Mesmo assim, pode ter o potencial de controlar nossa vida e impedir nosso relacionamento com Deus.

Paulo propôs o teste do *controle*: "Todas as coisas me são lícitas, mas nem todas as coisas convêm; todas as coisas me são lícitas, mas eu não me deixarei dominar por nenhuma" (I Co 6.12). Aparentemente, Paulo estava respondendo a um slogan que era usado para justificar certas práticas imorais; porém, ele o modifica para dizer que mesmo que algo seja permissível, não o torna certo em si mesmo. Tudo que nos controla, é pecado. Existe uma forma de liberdade que é escravidão.

Como homens, temos dificuldade em dominar o controle remoto da televisão. Gostamos de ficar passeando pelos canais, e é extremamente freqüente nossos olhos focalizarem cenas sensuais. Gostamos de sentir que temos o controle do controle; podemos mudar para qualquer canal que quisermos! Veja como somos bons no controle remoto; podemos passar diretamente de um canal a outro apertando somente um

> QUANTO MAIS TEMPO TEMOS, MAIS "COISAS" COLOCAMOS NOS ESPAÇOS VAZIOS.

botão! E assim ficamos contando mentiras para nós mesmos nas quais queremos acreditar.

Conheço homens que são vidrados em jogos; obcecados por futebol, vôlei, corrida de Fórmula I, ou todos os três. Ainda que jogos esportivos passem no teste do conteúdo, o fato é que tal dedicação pode interferir na relação da pessoa com Deus. Richard Keyes tinha razão quando escreveu: "Um ídolo é algo na criação que se mostra maior para funcionar como substituto de Deus. Todos os tipos de coisas são ídolos em potencial. [...] Um ídolo pode ser um objeto físico, uma propriedade, uma pessoa, uma atividade, um papel, uma instituição, uma esperança, uma imagem, uma idéia, um prazer, um herói".[10]

Se definirmos idolatria como algo que nos dá mais satisfação que Deus, todos somos idólatras de uma maneira ou de outra. E é esta idolatria que Deus odeia; o Senhor não quer nada maior em nossa vida que não seja Ele. Quando estamos envolvidos em muitos entretenimentos, ainda que sejam bons, temos menos tempo para nos concentrar em coisas que são mais importantes. Deus se entristece quando não achamos que Ele está satisfazendo.

Se você acha que tem controle sobre a televisão, prove, ficando uma semana sem assistir a nenhum programa. Você pode ficar em dia com as notícias lendo jornal e ouvindo o rádio. O fato é que a televisão faz tamanha parte de nossa vida que muitos acham difícil deixar de vê-la, mesmo por pouco tempo. Não sabemos que somos viciados até que tentemos mantê-la desligada. Não é de admirar que um amigo meu resolveu cortar o fio elétrico da televisão, sabendo que esta era sua única chance de acabar com sua fascinação pelo "monstro caolho".

Respondamos esta pergunta com franqueza: Temos o controle do entretenimento que permitimos em nossa vida? Ou somos impulsionados — talvez obcecados — pela necessidade de cinema, música ou a Internet? Até o bom pode ser inimigo do ótimo.

O Teste do Relógio

Qual é o teste do *relógio*? "Portanto, vede prudentemente como andais, não como néscios, mas como sábios, remindo o tempo, porquanto os dias são maus" (Ef 5.15,16). Suponha que um filme passe no teste do conteúdo e no teste do controle, ainda assim talvez não estejamos livres para desfrutá-lo.

Quando Paulo declara que devemos *remir* o tempo, quis dizer que precisamos aproveitar as oportunidades. Há tantas ocupações que demandam nosso tempo hoje em dia, que necessitamos arranjar tempo para as coisas que importam a Deus.

Muitos anos atrás, quando minha esposa e eu estávamos na Europa Oriental, as pessoas tinham de ficar na fila uma hora para comprar comida — talvez mais uma hora para comprar carne, e outra para comprar pão, e assim por diante. No total, diziam-nos que a família comum sempre tinha alguém na fila por aproximadamente três horas por dia somente para comprar o básico. Alguns cristãos nos falavam que éramos muito abençoados, porque vivíamos nos Estados Unidos, onde havia muito mais tempo para orar e servir a Deus!

No entanto, não é bem assim. Minha experiência é que a tecnologia não nos deu mais tempo para servir a Deus, pois quanto mais tempo temos, mais "coisas" colocamos nos espaços vazios. Infelizmente, desenvolver nosso relacionamento com Deus e seu povo é freqüentemente marginalizado, pouco importando quanto tempo esta sociedade de alta tecnologia nos oferece.

Façamos algumas perguntas difíceis: Estamos satisfeitos com a maneira como passamos nosso tempo no ano passado? Avaliemos o retorno de nosso investimento pelo número de horas que passamos sentados em frente à televisão durante os últimos doze meses. O tempo gasto nos fez uma pessoa melhor? Melhorou nosso caráter? Imagine o que seríamos se tivéssemos passado todo esse tempo, digamos, lendo a Bíblia e envolvendo-se com as necessidades de nossa comunidade!

É muito dolorosa a forma como os aposentados passam seus últimos dias. Conheço muitos que ficam sentados diante da televisão, dia após dia, ano após ano. Um homem, cansado da televisão, decidiu que gostaria de fazer algo para Jesus antes de morrer. Obteve uma lista de missionários de sua igreja e escreveu cartas pessoais a setenta missionários. Ele se manteve em contato com cada um, orou por eles e passou seus últimos anos de maneira proveitosa.

Lembremos que o Senhor não dirá: "Bem está, servo bom e fiel, pois passaste 5.312 horas assistindo à televisão!" Temos apenas um lance na vida; quando uma hora passa, nunca mais poderemos reavê-la. Devemos perguntar: Como quero passar os poucos e curtos anos e horas neste planeta, sabendo que terei de prestar contas a nosso Senhor?

Com estas perguntas em mente, estamos em melhor posição para decidir quanto de Hollywood devemos permitir que entre em nossa casa.

Tomando Decisões Difíceis

Sabendo que estamos contra um poder que é maior que nós, devemos tomar algumas medidas para limitar, se não eliminar, o impacto da indústria de entretenimento em nossa vida e também na de nossos filhos. Temos de respeitar nossa casa, o lugar onde atitudes são formadas e estilos de vida são desenvolvidos.

Estes são alguns comentários gerais antes dos mais específicos.

1. *Devemos rever nossos atos antes de ajudar os outros.* Cada um de nós tem de tomar uma decisão de consciência: De qual aspecto do mundo o Senhor quer me livrar? Como mencionei no início deste livro, não podemos impedir que os outros se afoguem se nós mesmos estamos nos afogando. Nossa maior necessidade é ter uma vida pessoal íntegra, a certeza de que nossa casa está limpa e vazia. Só assim ela pode ser cheia da bondade que Deus implantou na vida daqueles que crêem.

É freqüente ficar me perguntando, por que os cristãos que se queixam tanto do conteúdo da televisão passam tanto tempo assistindo-a? Perguntemos: Quais medidas estamos dispostos a tomar para confrontar este monstro? Estamos propensos a cancelar nossa assinatura da televisão a cabo? Estamos inclinados a impor limites rígidos para nós e prestar contas a outrem? Conseguimos viver sem televisão por uma semana? Duas semanas?

Quem não tem crianças em casa precisa ser forte para as famílias que têm. Devemos nos exceder em nossos esforços, ajudando os outros com diálogo, cuidado pessoal e oração. Juntos, temos de aceitar o desafio de sermos puros nesta cultura impura.

2. *Temos de fixar um padrão familiar.* "Pais que dão aos filhos um padrão claro de certo e errado os capacitam a fazer as melhores escolhas pessoais e morais ao longo da vida deles."[11] Estes padrões devem ser objetivos, não baseados em preferência pessoal. As crianças argumentarão que só porque você não gosta de vídeos da Madonna ou de filmes slasher,[12] isso não os torna impróprios para quem os "aprecia". Temos de ajudar as crianças a ver que nossos padrões são baseados em absolutos bíblicos, não apenas em gosto pessoal.

Ken Myers diz que o violento ataque cultural vigente é potencialmente mais insidioso para o bem-estar do cristão que a perseguição aberta. Declara: "Inimigos que surgem ruidosa e visivelmente são muito mais fáceis de serem combatidos que os que os não-detectáveis. [...] A erosão de caráter, a deterioração de prazeres inocentes e o barateamento da vida em si que acompanham a moderna cultura popular podem ocorrer tão sutilmente que acreditamos que nada aconteceu".[13] Nossa insensibilidade ao padrão de Deus é prova de quão distante estamos dEle.

3. *Precisamos falar com nossos filhos sobre o que eles vêem e ouvem.* Se você tem televisão em casa, ou mesmo que não tenha, pode estar certo de que seus filhos estão sendo expostos aos "ladrões" que descrevemos. Temos de ouvir as músicas, analisar as letras e ver os filmes. Os jovens se rebelam quando simplesmente anunciamos que, de hoje em diante, as coisas vão ser diferentes. Se você não entende de onde essas coisas surgem, eduque-se.

Como pai, tenho de me expor a esta impureza? Tenho de ouvir as referências sexuais pervertidas, o diálogo e a música? A resposta é sim; afinal de contas, se você não pode lidar com isso, por que acha que seu filho pode?

Não pense que estou contradizendo os "testes" que descrevo neste capítulo. Claro que seria melhor se nunca tivéssemos de ouvir música *rap* ou ver filmes degradantes, mas se seu filho está nessa, como pai, é melhor ficar familiarizado com o que seu filho está ouvindo e vendo. Como afirma Josh McDowell: "Regras sem relacionamento levam a rebelião".

A comunicação com adolescentes sobre todos os tipos de assuntos é absolutamente necessária, se desejamos orientá-los neste mundo para um amor genuíno por Deus. Devemos falar com eles sobre televisão e assuntos que os interessam. Temos de entrar no mundo deles para ganhar credibilidade; precisamos conhecer a realidade em que vivem. Temos de aprender a gostar de estar com eles e nos divertir juntos.

Precisamos afirmar nossos filhos como seres individuais.[14] Somente quando os ouvimos e ganhamos sua confiança é que respondemos algumas de suas objeções a nossas convicções. Esteja preparado para declarações como: "Tudo bem, as palavras são imorais, mas não foi bem isso que o cantor quis dizer!" Ou: "É só um filme, não é de verdade". Ou: "Você sabe que o que as pessoas aceitam está em constante mudança, por isso o problema é que você é de outra geração". Precisamos ajudar as crianças "a achar a mentira" no que eles assistem e ouvem.[15]

Apenas proibições não funcionam. Você pode avisá-los, ameaçá-los e condená-los, porém eles continuarão fazendo o que quiserem. E quanto mais você os condena, mais impulsionados serão para o secreto mundo da sensualidade em que se escondem. Você tem de provar com sua vida que andar com Cristo satisfaz. A razão pode mudar a mente, mas nunca mudará o coração.

Suas convicções devem ser acompanhadas por comunicação desprovida de julgamento, na qual a criança sinta que pode falar de seus mais profundos desejos, tentações e medos. Se ela sabe com antecedência que será condenada, seu coração se fechará em vez de se abrir ao que você tem a dizer.

> NÃO FECHE A BÍBLIA ATÉ QUE ELA LHE DÊ ALGO QUE PREENCHA A SUA ALMA PARA O SEU DIA.

Combine suas preocupações com exemplos de sua vida. Conte como você caiu em tentação e as lições (muitas vezes amargas) que aprendeu em conseqüência disso. Fico maravilhado de como nós, pais, esperamos que nossos filhos cumpram padrões que não mantemos. Há pais que continuam fracassando nos mesmos assuntos em que querem que seus filhos tenham sucesso. Quanto mais realistas formos sobre nossas lutas e pecados, mais provavelmente nossos filhos acreditarão que somos reais; eles nos respeitarão em vez de nos descartar como pessoas que apenas não entendem.

Claro que os filhos explorarão as inconsistências. O pai que proíbe o filho de assistir a um filme restrito a maiores de dezoito anos, todavia fica em casa assistindo a lixo ou alugando vídeos dessa mesma classificação, arruína sua autoridade moral. Quando os filhos se desviam da fé e mergulham de cabeça no mundo, fico imaginando que lição Deus quer ensinar aos pais. Talvez seja por causa de suas próprias inconsistências; ou quem sabe seja porque os pais pensaram que resmungões, bajulações e proibições poderiam mesmo mudar a criança. Nunca nos esqueçamos de que não podemos mudar os outros; podemos dirigir as crianças no caminho direito, mas quando eles tiverem idade, terão de tornar suas as convicções dos pais.

4. *Implemente medidas práticas.* De acordo com Robert DeMoss, 60% de todos os adolescentes têm televisão no quarto, onde podem assistir todos os tipos de programas que quiserem, sem supervisão, restrição e prestação de contas.[16] Sua recomendação, que torno minha, é que nenhuma criança deve ter esse meio de comunicação no quarto. É importante que a televisão esteja na sala da casa, onde possa ser monitorada. Desse modo, seu filho não pode ver televisão sem que você saiba o que ele está vendo e fazendo.

5. *Quem tem crianças pequenas deve, desde cedo, estabelecer regras.* Bloqueie a MTV. Compre e alugue vídeos edificantes e dê a seu filho uma dieta salutar do que é bom e certo. Prepare seus filhos para o fato de que você nunca poderá protegê-los completamente de influências como música *rap* e pornografia.

Por exemplo, enquanto remexiam um depósito de lixo, dois meninos encontraram uma pilha de material pornográfico escondido. Passaram a visitar regularmente o local, até que começaram a se comportar de modo estranho. Os pais os apanharam no ato, e quando questionaram os meninos, a verdade veio à tona. A atitude errada a fazer teria sido fazê-los sentir vergonha ou como se tivessem cometido um pecado imperdoável. Precisamos nos lembrar de que a vergonha só concentra a mente e o coração no próprio pecado.

Os meninos já se sentiam envergonhados e culpados. A mãe sábia fez com que processassem a culpa; levou-os a entender a atração natural que eles teriam por esse tipo de material, e os seus perigos; contudo, o que é mais importante, ela os ajudou a entender o perdão e a purificação de Cristo. Ela sabia, como toda mãe no mundo de hoje deveria saber, que esta provavelmente não seria a última vez que eles veriam esse tipo de material, quer por acidente quer por escolha.

Explique a seus filhos como eles serão tentados; serão expostos a materiais que despertarão sua curiosidade e desejos sexuais. Ajude-os a entender que embora seus desejos sejam dados por Deus, tentar satisfazer tais impulsos através da pornografia levará a uma distorção do melhor que Deus tem para eles.

Considerando que todos querem "ter autoridade" hoje em dia, autorize seus filhos a saírem da casa de um amigo onde filmes impróprios são vistos, ou onde haja bebida e coisas semelhantes. Nossos filhos precisam de nosso apoio e autorização para se afastar das tentações do mundo.

6. *Ponha em prática as disciplinas espirituais.* Ore, ore e ore! Estude a Palavra de Deus; ela guardará seu coração e mente em Cristo Jesus. Não feche a Bíblia até que ela lhe dê algo que preencha a sua alma para o seu dia. Tive a felicidade de ter pais que oravam regularmente por mim. Como pastor, tenho companheiros de oração que oram por mim, sabendo que preciso do seu apoio e orações. Dentro da igreja, temos de recrutar outros que possam estar orando por nós.

Em 1635 d.C., um chefe árabe apelidado "Farras, o cavaleiro" viajava pelo deserto com uma grande manada de cavalos. De repente, avistaram água ao longe. O rebanho, louco de sede, saiu em debandada, correndo para beber água.

Farras testou a obediência dos animais soprando ruidosamente o chifre, soando o chamado para a batalha. Daquela grande manada, cinco cavalos pararam de correr, viraram-se e voltaram em obediência ao chamado. Estes, prossegue a história, tornaram-se a ascendência dos mundialmente famosos cavalos árabes.

O mundo está correndo em disparada louca a uma miragem distante. Até nós, na igreja, fomos pegos na busca de entretenimento que mina nosso tempo e amortece nosso amor por Deus. O Todo-Poderoso soou o alarme; Ele procura os poucos que voltem e o representem a grande custo pessoal, apesar das tentações e desafios da cultura.

Estaremos entre os que respondem ao seu chamado?

NOTAS

1 Classificação vigente nos Estados Unidos de filme restrito a maiores de dezoito anos. (N. do T.)

2 Robert G. DeMoss Jr., *Learn to Discern* (Grand Rapids: Zondervan, 1992), p. 9. (Muitas idéias apresentadas neste capítulo sobre como controlar a mídia em nossa casa procedem deste livro utilíssimo.)

3 Classificação vigente nos Estados Unidos de filme que pode ser visto por pessoas de todas as faixas etárias; classificação livre. (N. do T.)

4 Classificação vigente nos Estados Unidos de filme que pode ser visto por pessoas de todas as faixas etárias, mas sugere-se orientação dos pais especialmente para crianças abaixo de 13 anos. (N. do T.)

5 Classificação vigente nos Estados Unidos de filme caracterizado por material ou atividade sexual explícita. (N. do T.)

6 *Death by Entertainment: How the Media Manipulates the Masses* (Hemet, Califórnia: Jeremiah Films, 2000), videotape.

7 Andrew Fletcher of Saltoun, "An Account of a Conversation Concerning a Right Regulation of Government for the Good of Mankind. In a Letter to the Marquis of Montrose" (1704); em *Political Works* (1732), ponto 7.

8 DeMoss, *Learn to Discern*, p. 12.

9 *Death by Entertainment.*

10 Richard Keyes, citado em Ronald Dunn, *Surviving Friendly Fire* (Nashville: Thomas Nelson, 2001). p. 76.

11 DeMoss, *Learn to Discern*, p. 86.

12 Filmes de assassinos seriais insanos e quase sempre inumanos, como, por exemplo, os filmes de Freddy Krueger. (N. do T.)

13 Ibid., p. 89.

14 Ibid., p. 100.

15 Ibid., p. 103.

16 Ibid., p. 108.

7

QUANDO JULGAR APARÊNCIAS

Qual a Relação entre Beleza e Felicidade?

Quão atraente você tem de ser para ter o direito de "sentir-se bem consigo mesmo"? E o que se pode esperar, se você nasceu com uma aparência bastante comum ou uma incapacidade física? Há conexão entre beleza e felicidade?

A cultura vigente responde estas perguntas decisivamente: é melhor você ter boa aparência para que seja merecedor de aceitação e bem casado. Se teve a desventura de ter chegado ao planeta Terra sem o dom da beleza, melhor fazer algo a respeito ou será jogado no monte de sucata da humanidade. O que importa não é o que *você é*, mas sim como *você se parece*.

"Ninguém notou meu sucesso nos estudos e em todas as minhas realizações, até que fiz um implante", disse uma mulher. "Agora os homens me enxergam. Eu sabia que nunca poderia ser feliz a menos que fosse bonita."

"Para mim, a cirurgia plástica era como passar a outra religião, pois exigia o mesmo compromisso e sacrifício", observa certa mulher de trinta e poucos anos. "Mas valeu a pena", conclui ela, agora que vê seu corpo feito sob encomenda e moldada por incontáveis cirurgias. "É meu corpo; posso fazer com ele tudo que quiser... se quero parecer de determinada forma, tenho esse direito."

Hoje, há a moda de uma droga injetável para propósitos cosméticos, a qual, dizem, faz mágica no rosto das pessoas. Esta nova droga promete que olharemos as rugas do modo que olhamos dentes quebrados ou amarelos — algo do passado. A droga é tão popular entre os atores que está destruindo as expressões faciais — há quem diga que é impossível encontrar um ator que pareça bravo! Trata-se de uma droga para quem se recusa a envelhecer.

Somos assediados por programas de dieta, usados não tanto por razões de saúde, mas para ter um corpo bonito a fim de que "nos sintamos bem conosco mesmos". Apesar dos benefícios óbvios da moda de fazer exercício, o fato é que para muitas pessoas este é o caminho de se obter um corpo mais esbelto, mais em boa forma e mais sensual. Claro que concordo que devemos ter hábitos alimentares saudáveis, fazer exercícios e melhorar nossa aparência. A que firmemente me oponho é a ênfase exagerada que a cultura dá na beleza física negligenciado as mais importantes questões do espírito.

Há algo profundamente errado com nossos valores, quando as jovens ficam se matando de fome na tentativa de emagrecer. Ter a aparência "certa" se torna tamanha obsessão que muitas pessoas se desligam da realidade, incapazes de processar informação com um mínimo de objetividade. Estão em demasia concentradas na forma física, que se vêem de modo diferente que os outros as vêem. Conheço uma mulher que era magra — à beira da inanição —, porém quando se olhava no espelho, via-se desesperadamente gorda. Em nosso mundo obcecado por imagem, muitas jovens estão literalmente "morrendo para serem magras". Temos um culto à "magreza".

Introduza a palavra *anorexia.*

Isto, alguém disse, se refere à inanição em uma terra de abundância. Sete milhões de meninas e um milhão de meninos americanos lutam com desordens alimentares. As moças ficam especialmente obcecadas com o peso e caem na armadilha do desespero auto-repugnante da anorexia. Uma vez fortificada, é uma das desordens alimentares mais difíceis de tratar. De todas as doenças psiquiátricas, tem a mais alta taxa de mortalidade. Peter Rowan escreve:

> A anorexia é um problema da civilização ocidental, um problema para os bem-sucedidos. É questão de estar com sede no meio da chuva. A anorexia é o resultado e um protesto contra a norma cultural de que as mulheres devem ser bonitas. No início, a jovem se esforça para emagrecer e ficar bonita, mas depois de um tempo, a anorexia assume vida própria. Com seu comportamento, uma menina anoréxica está dizendo ao mundo: "Veja como estou magra, até mais do que você queria que eu estivesse. Você não pode me fazer comer mais. Eu é que estou no controle do meu destino, mesmo que ele seja passar fome".[1]

Pelo motivo de as mulheres saberem que os homens podem ver melhor do que pensam, elas carregam um fardo insuportável numa cultura que só é capaz de fazer julgamentos superficiais. "O prêmio para mulheres em beleza física acima da inteligência está na ordem de cem por um", diz o psicólogo Rex Beaber.[2]

De quem é a culpa por esta obsessão pela aparência física? Certamente, parte do problema é que a televisão e o cinema exaltam este falso padrão. Os sabonetes dão destaque às pessoas bonitas do mundo, um ou dois por cento que nasceram com uma confluência maravilhosa de genes. Os restantes — noventa e muitos por cento — não são classificados para esses papéis.

AVALIAR O CARÁTER É MUITO MAIS DIFÍCIL QUE AVALIAR A APARÊNCIA.

Recentemente, tem havido diversos programas da "vida real", em que moças e rapazes se encontram pela primeira vez, tentando, em poucas horas, calcular se podem ter estrutura para um romance futuro. Uma vez mais, somente pessoas bonitas gozam da permissão de participar, perpetuando o mito de que a primeira impressão é essencialmente confiável e que essa atratividade é a base de escolha. Tais padrões artificiais de romance estão destruindo os adolescentes.

Bob DeMoss destaca que é para o proveito do anunciante se toda vez que você olhar no espelho, receber a mensagem importunadora: *Você não tem classe!* Claro que a resposta é fazer uma mudança no visual. A indústria de cosméticos sempre está pensando em um novo modo de fazer com que a pessoa pareça bonita. Ai de quem não se beneficia com essas "oportunidades". Estes anúncios reduzem as mulheres ao que Madonna chamou "brinquedo de garoto" (*boy toy*).[3]

Numa era obcecada por sexo, não deveríamos ficar surpresos diante de uma cultura intoxicada pelo corpo humano, pelo culto da beleza. Se você não fica bem de biquíni, você não tem valor e, assim, pode igualmente aceitar o status de segunda classe. Se uma adolescente não consegue ter a aparência de Jennifer Lopez, ou se um adolescente não se assemelha a Brad Pitt, tais jovens são fatalmente rotulados de defeituosos, destinados a uma vida de rejeição e obstáculos. Não admira que o mundo tenha o que James Dobson chama "epidemia de inferioridade".

Chuck Swindoll escreve sobre os sentimentos com os quais uma adolescente luta quando se compara com este falso padrão:

> Cada minúscula espinha lhe garante que vai virar lepra. E as roupas? Estamos falando de colapso nervoso diário. E ela tem este corpo que não é menina nem mulher... e os garotos na escola, os comerciais na televisão e as revistas na prateleira estão todos associados nalgum tipo de conspiração secreta, que convence sua mocinha outrora despreocupada de que ela está horrivelmente gorda, feia além da imaginação e desesperadamente condenada a uma vida de constrangimento.[4]

No entanto, não pensemos que os adolescentes são os únicos que sentem a pressão de atingir uma meta de beleza inatingível. Os adultos também são pegos no vendaval das aparências. A cirurgia plástica é uma indústria multibilionária, visto que pessoas de todas as formas e tamanhos remodelam o corpo na esperança de protelar a rejeição que ocorre para quem não se ajusta ao padrão imposto. Como diz Dobson: "Reservamos nossos elogios e admiração para uns poucos seletos que foram abençoados no nascimento com as características que estimamos mais sublimemente".[5] Todos reagimos diferentemente quando estamos diante de uma criança graciosa e cativante em relação a uma outra comum e um tanto quanto pouco atraente. Em tenra idade, as crianças já sabem quando não são aceitas. A criança encantadora vê um mundo que a ama e aceita, ao passo que o "patinho feio" vê um mundo que é cruel e o rejeita.

Por que esta obsessão pela aparência? Nascemos com um desejo dado por Deus de ter significação, e pelo fato de querermos desesperadamente a aprovação dos outros, nos empenhamos em contentar seus padrões de aceitação. E em uma cultura onde a beleza é apreciada acima da realização e caráter, fazemos tudo que pudermos para satisfazer tais critérios. Em nossos dias, a beleza, como diz Dobson, é "a moeda de ouro do valor humano". Se gosto de olhar para você, seu valor sobe; se você não é grande coisa para se olhar, sua cotação cai.

Avaliar o caráter é muito mais difícil que avaliar a aparência. Somos impacientes com o processo de conhecer as pessoas, seus sonhos, valores e idéias. Se você não tem um rosto bonito e simetria atraente, se suas curvas formam ângulos e seu nariz é muito grande em proporção ao rosto, você não é o que as pessoas estão procurando. Gostemos ou não, somos julgados por este padrão mundano.

Que superficial!

Este culto da beleza é injusto para a criança atraente, que recebe franca atenção inteiramente à parte do seu caráter. As moças atraentes são procuradas e abusadas pelos jovens inclinados a satisfazer suas apetências sexuais. Não é forte demais dizer que a beleza pode ser uma maldição, um ingresso a uma vida dedicada a valores superficiais e à sensualidade.

Mas este padrão também é injusto para a maioria que não está à altura dos padrões mundanos de beleza. Dobson escreve: “Como é injusto [...] recompensar a criança por algo que ela não ganhou, ou pior, destruí-la por circunstâncias além do seu controle”.[6] Como toda criança sabe, a mulher comum não ganha as competições de Miss Mundo; quem é pouco bonito não é escolhido para ser líder de torcida; aquele cuja aparência é “mais ou menos” tem poucos amigos e pode nunca se casar.

Não há ataque tão poderoso quanto o ataque contra nossa personalidade. A auto-imagem está no âmago de quem somos. Se você se convencer de que é um espécime vergonhoso da humanidade, se achar que é tão feio de se olhar e fundamentalmente não amável e digna de amor, então você se retirará para dentro da concha de sua negatividade e nunca será livre para fazer algo significativo para Deus. A criança “não abençoada” pode não dar explicações ou apresentar defesa. Ela é do jeito que é, e isso é tudo.

Como cristãos, temos de viver por um padrão diferente. Temos de declarar guerra contra os valores superficiais da cultura e dançar ao som de outra música. Ao criar nossos filhos e interagir com as pessoas que encontramos, temos de julgar os outros por um padrão melhor. Este capítulo procura responder perguntas importantes que nos levam a discernir um equilíbrio entre o cuidado apropriado pelo corpo e a ênfase apropriada no caráter. Tentaremos responder perguntas como:

NÃO PODEMOS PROGREDIR EM NOSSA CAMINHADA COM DEUS, A MENOS QUE CHEGUEMOS A UM ACORDO COM NOSSA APARÊNCIA.

Que papel as características físicas devem desempenhar na definição de quem somos?

A cirurgia plástica sempre é errada?

E quanto a *piercings* e tatuagens?

Como usar nosso corpo para a glória de Deus?

O que podemos fazer para nos levantar contra os valores superficiais da cultura?

Como cristãos, nos

UMA VISÃO BÍBLICA DO CORPO

A narrativa bíblica é simples e profunda. "E formou o SENHOR Deus o homem do pó da terra e soprou em seus narizes o fôlego da vida; e o homem foi feito alma vivente" (Gn 2.7). O homem foi criado da terra para que pudesse se relacionar com esta existência terrestre; mas também foi criado com um espírito para se comunicar com Deus. Este ato da criação é o ponto de partida para uma visão bíblica do corpo.

Deus Criou o Corpo Humano

Auto-aceitação, ou seja, nos aceitar como Deus nos criou, acha-se no âmago de nosso senso de bem-estar e desenvolvimento espiritual. Todavia, até as pessoas bonitas sobre as quais falamos têm apreensões e autodúvida quando se olham no espelho. Todos desejamos saber onde Deus estava quando fomos formados. Não podemos fazer progresso em nosso andar com Ele, a não ser que cheguemos a um acordo com nossa aparência; quer dizer, a menos que a aceitemos com gratidão.

O fundamento dessa auto-aceitação é o conhecimento firme de que fomos criados por Deus, formados de acordo com suas especificações no útero de nossa mãe.

Pois possuíste o meu interior; entreteceste-me no ventre de minha mãe. Eu te louvarei, porque de um modo terrível e tão maravilhoso fui formado; maravilhosas são as tuas obras, e a minha alma o sabe muito bem. Os meus ossos não te foram encobertos, quando no oculto fui formado e entretecido como nas profundezas da terra. Os teus olhos viram o meu corpo ainda informe, e no teu livro todas estas coisas foram escritas, as quais iam sendo dia a dia formadas, quando nem ainda uma delas havia (Sl 139.13-16).

Não há dúvida de que Deus considera o feto como um bebê, porque Ele falou ao profeta Isaías antes que este nascesse: "O Senhor me chamou desde o ventre, desde as entranhas de minha mãe, fez menção do meu nome" (Is 49.1). O profeta afirmou que Deus o formou no útero (Is 44.24). As implicações do envolvimento direto de Deus em nossa criação são importantes para nós entendermos.

Esta doutrina da criação significa que nascemos com o que Bill Gothard chama as "imutáveis", ou seja, as características sobre as quais não temos controle.[7] Certos traços básicos foram escolhidos para mim por Deus, e tenho de aceitá-los como parte de suas providências sábias e amorosas. Se Ele tivesse querido que parecêssemos com Cindy Crawford ou Robert Redford, o Senhor poderia ter escolhido nos criar assim; parece que não foi isso que Ele fez, e nesse fato temos de descansar contentes.

Vamos analisar algumas dessas "imutáveis"?

Primeiramente, as características do corpo que Deus lhe deu. Como sabemos, as crianças têm uma semelhança misteriosa com os pais, mas temos de nos lembrar que Deus também criou nossos pais. Através deles, Deus determinou nossa altura, a cor dos olhos, os pés, a audição, o cabelo, e assim por diante. Claro que podemos querer melhorar ou mudar algumas dessas características da maneira que pudermos (mudar a cor do cabelo é provavelmente a coisa mais fácil de fazer), porém a matéria-prima é um dado conhecido. Temos de dizer: "Obrigado, Pai. Eu aceito minhas características como algo que veio de sua mão sábia e amorosa".

Nossa obsessão moderna de tentar melhorar nossas características não é uma rebelião latente contra Deus? Lê-se num anúncio de jornal: "Apresento-lhe os olhos com os quais você quis ter nascido!" Você não acha demais sugerir a cor que Deus deveria ter dado aos seus olhos? Meu objetivo não é dizer que é sempre errado fazer cirurgia plástica ou que praticar exercícios físicos para ter um corpo esbelto é pecado. Contudo, o que quero afirmar é que a motivação vã que muitas vezes acompanha tais "melhoras" está em conflito com a vontade e propósito do Criador.

Em segundo lugar, nosso relacionamento inter-racial, inclusive a cor da pele, foi dado por Deus. A história do mundo inclui guerra entre raças; uma raça acredita que merece ser servida por outra. Este conflito resulta em sentimentos de inferioridade ou de superioridade. A Bíblia diria que ninguém deve rejeitar sua formação racial, pois esta é o dom de Deus para a família humana. Felizes aqueles que estão contentes com o que nasceram para ser, não querendo ser senhores absolutos sobre os outros, nem sentindo que estão condenados por causa de sua mistura racial.

> O QUE OS OUTROS MENOSPREZAM, DEUS SE AGRADA EM HONRAR.

Em terceiro lugar, Deus determinou nossas limitações, defeitos e deformações. Quando Moisés se queixava em voltar ao Egito, porque não sabia falar direito (possivelmente um defeito na fala), Deus declarou: "Quem fez a boca do homem? Ou quem fez o mudo, ou o surdo, ou o que vê, ou o cego? Não sou eu, o Senhor?" (Êx 4.11)

Talvez você pergunte: Por que Deus me criou com este defeito físico? Ou: Por que Ele me criou com capacidades intelectuais limitadas? Temos também de aceitar essas coisas como parte da sua vontade divina e propósito sábio. Obviamente, isto não significa que não podemos ajudar quem nasceu com deformações, pois sabemos que o pecado arruinou a criação de Deus. O fato de Jesus ter curado muitas pessoas é prova de que devemos fazer tudo que seja necessário para melhorar nossa condição física. Mas aqueles que lutam com Deus em virtude de suas limitações ferem somente a si mesmos, rejeitando o plano soberano de Deus.

Finalmente, Deus escolheu nosso sexo. Ele determinou se você e eu seríamos homem ou mulher. Não há dúvida em minha mente de que operações de mudança de sexo são um ataque contra a imagem de Deus formada em cada ser humano. Foi Ele quem nos criou, "macho e fêmea"; mudar de sexo é uma forma de rebelião contra o Criador. Nos tempos do Antigo Testamento era proibido vestir roupa do sexo oposto (Dt 22.5).

Não ousemos acreditar que o Todo-Poderoso cometeu um erro quando homens foram criados como homens, e mulheres como mulheres. Em algumas culturas, as mulheres são menosprezadas e escravizadas. Naturalmente, a mulher em tais circunstâncias pode desejar ter nascido homem. Bendita é a mulher que aceita sua sexualidade, ainda que não

PERTENCEMOS A DEUS POR CAUSA DA *CRIAÇÃO*; AGORA TAMBÉM PERTENCEMOS A DEUS POR CAUSA DA *REDENÇÃO*.

possa tolerar a parcialidade de sua cultura (nem nós).

Aceitar o papel de Deus na criação leva-nos a aceitar uns aos outros sem preconceito e sem constrangimento. Se eu o rejeito por causa de sua formação racial, estou me rebelando contra o Deus que o criou e escolheu essa determinada formação para você. Estou dizendo: "Deus não sabia o que estava fazendo quando o criou negro e eu branco". O racismo está no âmago da noção de superioridade que é ofensiva a Deus; e ademais, é, na realidade, rebelião contra Deus. Devemos fazer tudo que pudermos para incluir aqueles que não estão à altura dos padrões artificiais de beleza que o mundo tão entusiasticamente patrocina. Não devemos nos sentir constrangidos por pessoas, apenas porque elas são diferentes de nós; temos de intencionalmente alcançá-las, seja qual for a raça, classe ou formação. Toda pessoa foi criada à imagem de Deus; toda pessoa é valiosa para Deus e para nós.

Pais, tenho de lhes perguntar: Vocês têm vergonha porque seu filho não satisfaz algum critério artificial de valor humano? Se sua filha não é suficientemente bonita, não é bastante inteligente ou tem alguma deficiência física — isso o leva a duvidar do seu autovalor? Somente quem está seguro com o modo como Deus o fez está qualificado para aceitar as pessoas como Deus as fez. Como diz Dobson, não basta você amar seu filho; você também tem de respeitá-lo.[8]

No livro *What Kids Need Most in a Dad* (O que os Filhos mais Precisam em um Pai), Tim Hansel conta a história de um adolescente que tinha uma enorme marca de nascença bem no rosto. Sua auto-estima parecia segura; relacionava-se bem com os outros estudantes e era querido por todos. Ele não tinha autoconsciência de sua aparência. Alguém, curioso, lhe pediu explicações.

Sorrindo, respondeu: "Desde minha tenra infância, papai começou a dizer-me que eu tinha a marca de nascença por dois motivos. Primeiro, porque um anjo me beijou; segundo, ele me beijara para que Papai sempre pudesse me achar no meio de uma multidão". E continuou: "Meu pai me contou essa história tantas vezes, com tanto amor, que, quando cresci, comecei a ter pena das outras crianças que não tinham sido beijadas por um anjo como eu".[9]

Em um livro sobre discernimento, devo destacar que a teologia desse pai não estava literalmente correta; seu filho não fora beijado por um anjo. Entretanto, sua teologia estava totalmente correta neste sentido: Marcas de nascença ou o que chamamos deficiências físicas não são um julgamento de Deus; não são uma maldição, mas podem se tornar em bênção se as aceitarmos como algo que veio das mãos de nosso amoroso Pai divino. O que os outros menosprezam, Deus se agrada em honrar; aqueles que não são dotados de beleza podem ser dotados de uma abundância de favor e graça divinos.

Deus quer que entendamos que não devemos contender com Ele sobre nossa criação. Ele quer que olhemos no espelho e nos vejamos como criaturas de sua mão sábia e amorosa. "Ai daquele que contende com o seu Criador, caco entre outros cacos de barro! Porventura, dirá o barro ao que o formou: Que fazes? Ou a tua obra: Não tens mãos?" (Is 45.9)

Deus Redimiu o Corpo

"Ou não sabeis que o nosso corpo é o templo do Espírito Santo, que habita em vós, proveniente de Deus, e que não sois de vós mesmos? Porque fostes comprados por bom preço; glorificai, pois, a Deus no vosso corpo e no vosso espírito, os quais pertencem a Deus" (I Co 6.19,20). Quando caímos em pecado, Deus escolheu nos redimir, sabendo muito bem de nossa condição e do custo que seríamos para Ele. Fomos, disse Paulo, "comprados por bom preço". Jesus morreu por nosso corpo, alma e espírito? A resposta é sim; Cristo nos comprou em nossa totalidade. Mas nossa herança completa espera o dia da ressurreição.

Pertencemos a Deus por causa da *criação*; agora também pertencemos a Deus por causa da *redenção*. Com efeito, somos "duas vezes de Deus", porque não há nada que nos pertença com exclusividade que possamos reivindicar. As implicações são claras: Não temos o direito de dizer: "Este corpo é meu, posso fazer com ele o que quiser". Não tenho o direito de fazer o que quero com meu corpo, da mesma forma que não posso usar como quiser o dinheiro que me foi emprestado por um amigo que espera um retorno em seu investimento. Nem o dinheiro nem o corpo são meus para fazer como desejo.

Desde o momento em que nascemos, iniciamos uma viagem para a morte, e esta deve ser aceita como parte do plano ordenado por Deus. Sinais de envelhecimento são lembranças de que nossos dias estão numerados e devemos aplicar nossos corações com sabedoria. "Coroa de honra são as cãs, achando-se elas no caminho da justiça" (Pv 16.31). A obsessão de hoje pela juventude e beleza perpétuas é a tentativa de o homem moderno negar o processo de envelhecimento.

Alguns levam esta negação a extremos, como demonstra uma mulher. "Gastei um milhão de dólares, e disse a meu marido que me faça uma cirurgia plástica facial quando eu estiver no caixão. Quero parecer bem até que seja guardada para nunca mais ser vista".

A cirurgia plástica não é inerentemente pecaminosa: podemos aplaudir os médicos que melhoraram o aspecto de crianças deformadas, entender as mudanças feitas para aprovar a aparência de alguém, mas não tolerar os que modificam o visual apenas para ficarem mais sexualmente provocantes. Nem podemos, como cristãos, aprovar mudanças feitas por causa de vaidade ou com base na pressuposição: "Este corpo é meu; posso fazer com ele o que quiser". A criatura não ousa usurpar a propriedade do Criador.

E quanto a *piercings*, tatuagens e coisas semelhantes? Embora as tatuagens fossem outrora símbolos de rebelião encontrados no corpo dos ocupantes de prisão e gangues de motocicleta, hoje tais marcações de pele são populares. O mantra atual é que o corpo humano é uma tela na qual a pessoa pode pintar o que quiser. Vivemos em uma cultura sádica e rebelde que quer mostrar que pode espoliar o corpo. A Igreja Primitiva tinha razão quando via tatuagens como uma profanação do corpo. No Antigo Testamento, lemos: "Pelos mortos não dareis golpes na vossa carne; nem fareis marca alguma sobre vós. Eu sou o Senhor" (Lv 19.28).

Um corpo coberto de tatuagens pode glorificar a Deus? Alguns jovens, que pensavam que a resposta a essa pergunta era sim, estão mudando de opinião. Certa mulher que conheci disse: "Daria qualquer coisa para tirar estas tatuagens, mas elas são permanentes, e eu as fiz antes de ser salva. Agora quando olho para elas, lembro-me de minha vida passada, que, graças a Jesus, foi perdoada. Eu as vejo como minhas 'marcas da graça'". Elas podem se tornar marcas da graça.

Hoje, não somente temos brincos para homens, mas *piercings* de nariz, de lábios e de umbigo. Pouco importa se *piercings* de língua eram conhecidos para pôr veneno na circulação sangüínea e fazer sulcos em dentes. Recentemente, ouvi no rádio que um menino de Nebraska detém o recorde de *piercings*; o total, acho, era de cento e trinta e cinco.

Não é minha intenção dar um definitivo sim ou não sobre essas tendências modernas. Mas é minha expressa intenção dizer que a ênfase de hoje na aparência, a ponto de as pessoas estarem dispostas a fazer qualquer coisa para serem notadas, é sinal de que os valores da cultura se afastaram demais da segurança que há em conhecer a Deus e se submeter à sua vontade.

Devemos Glorificar a Deus em nosso Corpo

Deus criou nosso corpo como veículo para seus atributos, como por exemplo: amor, alegria e paz. Ele quer usar nosso corpo como meio para um fim maior, ou seja, a formação do caráter cristão e a expansão do evangelho até os confins da terra. Somos suas mãos, pés, olhos, ouvidos. Um corpo que é o templo do Espírito Santo é usado como vaso, um lugar santo no qual Deus habita. É por isso que Paulo ensinou que o corpo em si não tinha de parecer

> PENSE NO QUE ACONTECERIA SE CADA UM DE NÓS ESCOLHESSE UMA OU DUAS PESSOAS A QUEM PUDÉSSEMOS ABENÇOAR E AFIRMAR.

bom para que o tesouro dentro dele brilhasse. "Temos, porém, esse tesouro em vasos de barro, para que a excelência do poder seja de Deus e não de nós" (2 Co 4.7).

Nosso corpo deve ser coberto com roupa modesta para que seja testemunha de Cristo (veja I Tm 2.9,10). Não devemos nos esforçar para ser o centro das atenções ou obter significação por destaques especiais ou roupas caras. Nosso corpo foi formado no útero para ser servo de Deus (Is 49.5). E servir a Deus é ocupação de tempo integral.

Um fisiculturista pode usar o corpo para a "glória de Deus"? Depende. Um jovem disse: "Tive de deixar o fisiculturismo, porque eu o fazia para chamar a atenção em mim e não para glorificar a Deus". Quanto mais íntimo nosso relacionamento com Deus, maior a probabilidade de sermos reprovados por nossas vaidades.

Desafio Final

Observamos que temos de aprender a aceitar nosso corpo como algo que veio das mãos de nosso Criador. Temos de nos levantar contra a cultura que glorifica o corpo e julga os seres humanos pelo padrão de beleza e atratividade sexual. O que podemos fazer para neutralizar estas poderosas tendências e influências?

Em primeiro lugar, os pais têm de enfatizar conscientemente o caráter e não a aparência. Quando Samuel foi enviado para ungir um rei entre os filhos de Jessé, os sete irmãos mais velhos desfilaram na presença do velho profeta, pavoneando suas roupas e adereços. Mas o Espírito Santo não indicou nenhum deles para ser o futuro rei. Samuel ficou confuso e inquiriu a Deus, que lhe deu a resposta que deveria ser proclamada na mente de todo cristão, jovem ou velho: "Não atentes para a sua aparência, nem para a altura da sua estatura, porque o tenho rejeitado; porque o SENHOR não vê como vê o homem. Pois *o homem vê o que está diante dos olhos, porém o SENHOR olha para o coração*" (I Sm 16.7; grifos meus).

Nós, pais, temos de recompensar o comportamento, o caráter e a fidelidade. Temos de comunicar intencionalmente a esta geração que há coisas mais importantes que a aparência física. Temos de alcançar os jovens que estão apavorados por virem a ser ignorados no "jogo do amor". Devemos mostrar que é possível ter uma relação satisfatória com Deus, para que não tenhamos de competir no mundo injusto da beleza física. "Enganosa é a graça, e vaidade, a formosura, mas a mulher que teme ao SENHOR, essa será louvada" (Pv 31.30).

As mulheres não devem basear seu valor próprio no número de homens que as nota ou, no que diz respeito ao assunto, se *alguém* as observa. Os homens não devem basear seu valor próprio na popularidade com as mulheres. No final das contas, temos de obter significação pessoal de quem somos diante de Deus. Precisamos recusar firmemente ser atraídos pelos valores do mundo no ponto sensibilíssimo de nossa aparência física. Devemos estar dispostos a agradar a Deus, mesmo que desapontemos aqueles que muito significam para nós.

Nossas igrejas têm de ajudar as mães que procuram roupas modestas para seus filhos. Nossos líderes de mocidade e professores não devem favorecer os que são atraentes, porém tratar todos igualmente diante de Deus. Cada um de nós pode fazer diferença aceitando intencionalmente e incentivando os menos agraciados na aparência. Pense no que aconteceria pudéssemos escolher uma ou duas pessoas para abençoar e afirmar.

Deus preparou um corpo para Jesus, todavia qual era sua aparência na terra? Faz séculos que os artistas têm tentado pintá-lo como pensam que ele deveria ter sido, mas eles não têm nada em que se basear, senão um conhecimento da cultura do Oriente Médio e suas próprias imaginações. O fato é que temos uma pista da aparência de Jesus dada numa descrição feita pelo profeta Isaías. O que ficamos sabendo é que Jesus poderia ter tido uma aparência muito comum.

Dê uma lida nisto: "... não tinha parecer nem formosura; e, olhando nós para ele, nenhuma beleza víamos, para que o desejássemos" (Is 53.2). Se tomarmos esta descrição ao pé da letra, perceberemos que Jesus não era um homem de compleição atraente; não era um espécime bonito de masculinidade. Era notavelmente comum e, talvez, perdoem-me ao sugerir, nenhum pouco simpático. E claro que, quando foi dilacerado na crucificação, seu corpo ficou muito desfigurado, "mais do que o de outro qualquer" (Is 52.14).

Ele sabia que sua fidelidade ao Pai era muito mais importante que a aparência do seu corpo; sabia que ainda que não fosse aceito segundo a balança arbitrária dos valores mundanos, Ele se entregaria à vontade do Pai, e isso era tudo que importava.

Este corpo — comum — seria usado para tocar um leproso, pegar uma criança no colo e falar as palavras de Deus. Vemos que Ele olhava "além" do exterior para o interior; Cristo sabia que havia uma enorme diferença entre a aparência e os afetos, o exterior e o interior. Este seria o corpo com o qual glorificaria o Pai e pelo qual compraria a salvação de todo aquele que cresse. Este seria o corpo que receberia a lança em seu lado e as marcas dos cravos nas mãos.

Jesus se coloca como repreensão veemente à adoração do corpo desta geração. Ele convida todos que o seguem a adotar um conjunto de valores mais alto; olhar além do físico para o eterno, e aprender a aceitar as pessoas pelo que elas são, e não como elas parecem. "Temos, porém, esse tesouro em vasos de barro, para que a excelência do poder seja de Deus e não de nós" (2 Co 4.7).

Temos de mostrar o caminho.

Notas

[1] Peter Rowan, citado em Mary Pipher, *Reviving Ophelia: Saving the Selves of Adolescent Girls* (Nova Iorque: Ballantine, 1999), p. 174.

[2] *People*, 30 de outubro de 2000, p. 108.

[3] Robert G. DeMoss, *Learn to Discern* (Grand Rapids: Zondervan, 1992), p. 37.

[4] Chuck Swindoll, *The Strong Family* (Portland, Oregon: Multnomah, 1991), p. 118, citado em DeMoss, *Learn to Discern*, p. 26.

[5] James Dobson, *Hide or Seek* (Old Tappan, Nova Jersey: Revell, 1974), p. 12.

[6] Ibid., p. 17.

[7] Bill Gothard, *Self-Acceptance*. Institute in Basic Youth Conflicts, Outubro de 1984, pp. 4-6.

[8] Dobson, *Hide or Seek*, p. 51.

[9] Tim Hansel, *What Kids Need Most in a Dad* (Tarrytown, Nova Iorque: Revell, 1989), p. 75.

8

QUANDO JULGAR NEOPAGANISMO

Quando É que a Fantasia Torna-se Realidade?

Em sua maioria, os cristãos não têm mais medo do Diabo. Houve um tempo em que as pessoas entendiam que o Diabo existia e não se podia confiar que ele jogasse de acordo com as regras. Mas hoje, embora os cristãos tenham consciência de Satanás e suas hordas, pensam que podem entrar em seu território sem sofrer represália. Acreditam que ele é cavalheiro o bastante para ficar afastado, a menos que seja convidado para a festa.

Por que muitos cristãos não têm medo do ocultismo?

Em primeiro lugar, porque pensam erroneamente que se um objeto, jogo ou história de teor ocultista é aceito como fantasia, então não deve ser temido. Contanto que a pessoa não acredite no poder de uma tábua de Ouija,[1] então não é perigosa. Desde que a pessoa leia horóscopos por diversão, não há nada de errado com a prática. Ou por se pensar que o RPG de fantasia medieval *Dungeons and Dragons* (Caverna do Dragão) é apenas um jogo inocente, não tem nada a ver com ocultismo. O mundo de Harry Potter é inofensivo, se for visto como imaginário.

No entanto, tenho de advertir que a fantasia pode se tornar realidade de um momento para o outro. A fantasia é a ponte que leva ao outro lado do mundo espiritual. Não podemos esperar que estejamos isentos do ataque satânico, só porque aceitamos o ocultismo como fantasia.

É MELHOR AVISAR DO PERIGO DO QUE FLERTAR COM ELE.

Em segundo lugar, há cristãos que pensam que sabem quando o Diabo está ou não presente em uma experiência. Se não o vêem ou sentem, se uma presença tenebrosa não entra no quarto, julgam que estão protegidos de suas investidas. Eles não entendem que Satanás aparece sob disfarces diferentes. Esquecem que ele fica escondido tanto quanto possível e que podemos encontrá-lo quando estamos participando apenas de um jogo "inofensivo" relacionado ao ocultismo ou cometendo um pecado favorito.

Em terceiro lugar, há a suposição difundida de que se encontramos alguém que não foi ferido pelo envolvimento com um aspecto específico do ocultismo, é prova de que não é realmente perigoso. Ouvimos as pessoas dizerem: "Conheço alguém que foi a uma cartomante e não se feriu"; ou: "Conheço alguém que brincou com uma tábua de Ouija e nada aconteceu".

Conheço várias pessoas que assistiram ao filme *O Exorcista*. Algumas, pelo que parece, não foram afetadas adversamente, mas ao menos uma pessoa que conheci teve um encontro conflitante com um demônio que precisou ser expulso. Há pessoas que lidam com astrologia sem efeitos prejudiciais; porém, outras se acham presas por poderes satânicos em conseqüência de terem participado deles. Se me perguntarem: "Por que as práticas ocultistas afetam uma pessoa e não outra?" Não sei. Por que algumas pessoas pegam uma intoxicação gastrintestinal num restaurante, ao passo que outras, que comeram os mesmos pratos, nada sofrem?

O que quero dizer é simplesmente isto: Uma atividade não pode ser classificada inofensiva, só porque algumas pessoas não tiveram nenhum efeito ruim aparente. Digo *aparente*, porque ninguém sabe que conseqüências pode haver a longo prazo. Nem sempre o envolvimento com o ocultismo envolve possessão evidente, mas paralisa o crescimento espiritual, e o cristão acha difícil (alguns diriam impossível) ler a Bíblia ou orar por causa de oposição satânica.

Há pais que pensam que se orientarmos nossos filhos corretamente, eles estarão prontos para ver ou ler tudo, contanto que os ajudemos a separar o verdadeiro do falso. Claro que esse procedimento é correto, até certo ponto. Entretanto, o que os pais esquecem é que todo nível de envolvimento com o ocultismo planta sementes que darão frutos amargos nos anos por vir.

Certa mãe, cujo marido joga *Caverna do Dragão* com o filho de dez anos, escreve: "Muitos discordam de que *Caverna do Dragão* seja indiscutivelmente classificado como ocultismo. É mal falado, porque proporciona às pessoas a oportunidade de fugir da vida real e suas responsabilidades, mas nós mantemos diálogo aberto com nosso filho a fim de preservá-lo do perigo". E argumenta também que, no caso deles, o jogo é conduzido por um estudante cristão. Depois acrescenta: "Concordo que jogar *games* pode se tornar obsessivo e viciador... é por isso que meu marido e eu estamos tão envolvidos com nosso filho de dez anos neste assunto". Elogio estes pais por manterem um diálogo aberto com o filho, todavia penso que é ininteligente apresentá-lo a qualquer jogo que tenha alguma relação com o ocultismo. É melhor avisar do perigo do que flertar com ele.

Em quarto lugar, há cristãos que acreditam que têm proteção especial contra o Diabo. Ouvi uma menina católica dizer que podia assistir a filmes ocultistas, desde que estivesse "em estado de graça", sem mencionar a proteção espiritual que tinha contra a invasão demoníaca. Nós, crentes, temos nossa própria análise racional; pensamos que estamos protegidos, porque estamos "em Cristo". Cuidamos que este estado nos isenta de qualquer coisa, até do mais moderado dos ataques demoníacos.

No entanto, nunca subestimemos até que ponto Deus permite que Satanás ataque e aflija os crentes que brincam com o que ele (Deus) condena! Quer acreditemos ou não que os cristãos possam ser possuídos por demônios, com certeza podem ser presos e oprimidos por nosso Inimigo.

O OCULTISMO É UMA FORMA DE CAPACITAÇÃO PRÓPRIA.

Por fim, há a suposição de que se algum bem imediato deriva da prática ocultista, significa que deve ser boa. Talvez conheçamos alguém que perdeu peso ou deixou de fumar pelo uso de hipnotismo, levando alguns a acreditarem que é prática legítima. Pouco importa se a Bíblia condena os mágicos e encantadores (termos bíblicos para o hipnotismo). Devemos temer o hipnotismo mesmo se for feito por um cristão.

O Diabo entra sem ser convidado; ele aparece de variadas formas e sob disfarces diferentes. Quando Judas estava premeditando trair Jesus, lemos: "Entrou nele Satanás" (Jo 13.27). Satanás entrou em Judas quando ele, no cenáculo, estava sentado à mesa e próximo a Jesus! Judas ainda não tinha cometido seu grande pecado; ele estava apenas pretendendo. Não foi necessário um convite formal para Satanás entrar; tudo que Judas precisou fazer foi premeditar um pecado em seu coração — reconhecidamente um grande pecado — para Satanás entrar nele sem aviso e ostentação.

O Diabo quer que fiquemos confiantes em nossa habilidade de brincar com suas iscas; quer que pensemos que, já que ele *nem* sempre ataca, podemos ficar tranqüilos de que *nunca* atacará. Mas temos toda razão para ficar com "medo", quando entramos em seu território.

A Opinião de Deus sobre o Ocultismo

Deus não mantém posição indefinida acerca do envolvimento ocultista.

> *Quando entrares na terra que o Senhor, teu Deus, te der, não aprenderás a fazer conforme as abominações daquelas nações. Entre ti se não achará quem faça passar pelo fogo o seu filho ou a sua filha, nem adivinhador, nem prognosticador, nem agoureiro, nem feiticeiro, nem encantador de encantamentos, nem quem consulte um espírito adivinhante, nem mágico, nem quem consulte os mortos, pois todo aquele que faz tal coisa é abominação ao Senhor; e*

por estas abominações o SENHOR, teu Deus, as lança fora de diante de ti. Perfeito serás, como o SENHOR, teu Deus (Dt 18.9-13).

A Bíblia faz uma lista de vinte práticas ocultistas diferentes. Aqui temos algumas:

- *Adivinhador* — Aquele que prevê o futuro ou sabe de certos fatos sobre as pessoas que só podem ser conhecidos por revelação espiritual.
- *Prognosticador* — Aquele que faz mágica com a ajuda de espíritos malignos.
- *Agoureiro* — Aquele que prediz boa ou má sorte por meio de objetos ou acontecimentos.
- *Feiticeiro* — Aquele que tem poder no mundo dos espíritos.
- *Encantador* — Aquele que se serve de palavras com poderes mágicos, como encantamentos, feitiços e coisas semelhantes.
- *Consultor de espírito adivinhante* — Aquele que tenta se comunicar com os mortos.
- *Mágico* — Aquele que tenciona entrar em contato com os mortos e tem ampla gama de interesses ocultistas.

O ocultismo tem várias características que provocam nossa curiosidade. Vai ao encontro do nosso desejo de estar em contato com algo maior que nós; nos instiga a experimentar algo além da existência humana e, nessa condição, torna-se substituto de Deus.

Por que Deus odeia tais práticas?

Em primeiro lugar, o ocultismo oferece a promessa de conhecimento misterioso que não pode ser colhido por análise científica; convida-nos a obter informação que se acha além de nossa observação. Repare na lista: adivinhação, prognosticação, interpretação de agouros, feitiçaria, consulta aos mortos. As pessoas querem perscrutar o futuro; querem decifrar o significado da vida; querem saber coisas que Deus optou não revelar.

Em segundo lugar, o ocultismo promete poder que Deus não autorizou. Há poder para jogar feitiços, manipular acontecimentos, controlar o resultado de circunstâncias. Os ocultistas querem poderes especiais para "irem à forra" e, com isso, arrancar a justiça das mãos de Deus. Há muitos que pensam que o ocultismo é moralmente neutro; pode ser usado para coisas boas ou más, dependendo da pessoa que tenha esses poderes "apavorantes".

A mensagem básica é: O ocultismo é uma forma de capacitação própria; é o meio pelo qual fugimos de Deus e nos voltamos a nós mesmos para achar significado na vida. Um adorador de Satanás disse: "Na verdade, não adoramos Satanás; adoramos a nós mesmos e a natureza; ele apenas aparece".

Deus fala que estas práticas são abomináveis, e foi por causa disso que as nações pagãs foram destruídas.

Entradas para o Ocultismo

Vamos fazer uma lista de algumas formas como o ocultismo se apresenta.

Cura da Nova Era

Toda prática ou objeto que afirme ter poder sobrenatural para curar (física ou emocionalmente) também é um substituto da fé no único verdadeiro Deus. Cristais e terapias psíquicas que usam "guias para curas" fazem tais afirmações. Milhões de pessoas estão combinando nutrição e experiências psíquicas ou espirituais para criar uma abordagem "holística" à saúde. Esta moda passageira tenta combinar as ciências da mente com a ciência do corpo a fim de obter um senso de bem-estar. Ensinos derivados de filosofias orientais são primorosamente misturados com informação legítima sobre boa saúde. Temos conferências a respeito de reflexologia, visualização e auto-hipnose.

Há seminários de despertamento de cura interior, introdução ao toque terapêutico, psico-imunidade e o processo de cura, que prometem unir mente e corpo para "termos acesso às nossas habilidades inatas a fim de alcançarmos saúde e equilíbrio em nossa vida". A lista desses seminários é infinita.

O escritor Deepak Chopra, cujos livros são *best-sellers* traduzidos para vinte e cinco idiomas, ensina que a substância básica de nosso corpo não é matéria, mas energia e informação. A verdadeira saúde é resultado de um fluxo equilibrado desta energia pelo corpo. Manter este equilíbrio de energia requer coisas como ervas, pedras brutas, tipo de personalidade e *yagyas* (cerimônias religiosas para solicitar a ajuda de deidades hindus).[2]

Claro que concordamos que a mente tem grande influência sobre o corpo, porque os dois trabalham juntos de modo que não entendemos muito bem. O erro da "saúde holística" é que a mente recebe poderes sobrenaturais; a suposição é que *você pode se curar, porque você pode ser seu próprio deus.* Um devoto afirmou que "médicos invisíveis estão trabalhando através de mim". Os feiticeiros estão de volta, porém desta vez eles dão seminários caros e têm explicação "científica" para seus poderes ocultistas.

Drogas Psicodélicas e Meditação Transcendental

Superficialmente, as práticas como meditação transcendental parecem inofensivas. O que poderia haver de errado em tentar esvaziar a mente de todas as pressões da vida e não pensar em *nada*? Combine essa prática com exercício que exige concentração, e você perceberá que a pressão sanguínea cairá e o corpo em perfeita harmonia se sentirá muito melhor.

No entanto, a meditação transcendental está baseada na crença religiosa de que a alma deve se juntar com a força unificada do universo. A racionalidade é vista como obstáculo a esta unicidade mística com Deus. Enquanto estou pensando em *algo*, percebo que sou distinto dos objetos deste mundo. Tenho de esvaziar minha mente de pensamentos específicos e tentar pensar numa realidade sem conteúdo ou valor. S. N. Dasgupta escreve que o iogue "prossegue firmemente em direção ao supremo estado, no qual a mente se desintegra, o *self* (eu) brilha com luz própria e o indivíduo se torna absolutamente livre num isolamento de auto-iluminação sem laços e acompanhantes".[3]

Em algum ponto, o participante experimenta uma conversão chamada *iluminação*. Esta experiência mística permite que a pessoa vá além da personalidade, da moralidade e do conhecimento. A conversão forjada por Satanás é completa — ocorre a transformação da consciência. Todavia, com espíritos demoníacos influenciando a mente, há uma nuvem de trevas a entrar na alma, e não iluminação. Este engano só pode ser descoberto em contemplação honesta na presença de Deus, com a Bíblia em mãos.

As drogas psicodélicas podem alcançar a mesma transformação. Quando a mente fica aberta a qualquer poder que exista, os espíritos demoníacos dos ares se deliciam em entrar para enganar e controlar. Isto explica por que os que estão na cultura das drogas precisam de libertação específica dos tenebrosos poderes ocultistas.

Programas de Televisão e Filmes

Entradas ao ocultismo existem em todos os lugares, mas a televisão e o cinema lançam a rede bem mais ao longe e apanham o maior número de novos membros. A televisão mostra séries como *Buffy, A Caça-Vampiros* e *Charmed*, e filmes como *Da Mágica à Sedução* (*Practical Magic*) e *Jovens Bruxas* (*The Craft*) que tornam o ocultismo popular. Muitas pessoas assistem a estes filmes ou programas televisivos e pensam que são inofensivos e bonitos. Contudo, estão carregados de mensagens e engodos ocultistas.

Em artigo intitulado "Weird Sisters" (Parcas), Margaret Kim Peterson explica como estes programas retratam a feitiçaria como um tipo de religião de natureza panteísta. As bruxas no filme *Jovens Bruxas* anunciam: "Adoramos tudo; Deus, o Diabo, a terra, as árvores".[4] Uma das bruxas em *Da Mágica à Sedução* explica que a feitiçaria tem a ver com estar perto da natureza. A feitiçaria é acompanhada por muitos acessórios: velas, símbolos de ocultismo, vassouras, poções, livros sobre

> NOSSO INIMIGO TRABALHA COM MAIS OUSADIA QUANDO ESTAMOS SÓS, CONCENTRADOS EM NOSSO INTERIOR E CURIOSOS SOBRE AS TREVAS.

como lançar feitiços. Estas jovens bruxas evocam o poder do vento ou o das árvores.

O que as bruxas ganham em troca desses feitiços? Há uma variedade de poderes paranormais, como levitação, energia psíquica para ver o futuro e a habilidade de manipular os pensamentos dos outros ou destruir certos males. Às vezes, elas têm de se defender contra um poder ocultista que não funciona bem.

Há um lado ruim em ser bruxa. Há momentos em que esses poderes são difíceis de controlar; as bruxas são mal-entendidas e rejeitadas. Por isso, têm de dissimular e mentir sobre sua vocação. E mais, não é fácil optar em não querer ser bruxa, porque certas pessoas nascem para isso. Algumas crescem e só depois descobrem que nasceram para ser bruxas. O importante é que elas aceitam suas diferenças, pois como destaca Peterson: "Não se aceitar é o pecado original nestes contos de feitiçaria da mídia".

Nesses programas, aprendemos que a feitiçaria é passada de mãe para filha. Como ressalta uma das irmãs em *Charmed*: "Tal mãe, tal filha — os poderes são transmitidos pela linhagem feminina". Assim, estas bruxas descobrem que suas mães eram bruxas. Os laços da feitiçaria são transmitidos por rituais de sangue, e ligados por maldição. Elas são chamadas para exorcizar demônios, embora se sintam tanto alegres quanto temerosas em fazer isso.

Todas essas bruxas foram abusadas por homens. Elas desejam o amor de um homem, porém têm profundo medo de que os homens venham a abusar delas ou abandoná-las. É por isso que o relacionamento delas com os homens se torna sedutor e sanguinariamente inflamado. Elas estão cheias de vingança pelo mal que os homens lhes fizeram. As irmãs em *Charmed* foram abandonadas pelo pai quando eram crianças. Todas se comportam sedutoramente com os homens, contudo suas relações sempre são abusivas; as bruxas têm de se proteger, pois os homens sempre tentam se aproveitar delas.

As irmãs em *Da Mágica à Sedução* vêm de uma longa linhagem de bruxas que vivem sob uma maldição pronunciada por uma antepassada que foi abandonada pelo amante. A maldição estipula que todo homem a quem amem terá uma morte precoce. Quando uma irmã se apaixona, está com um homem que bate nela e tenta matá-la. "É necessário a união de todas as bruxas para vencer este homem de uma vez por todas, e quando é finalmente eliminado, uma das bruxas se vira para a outra e diz: 'Fico imaginando se isso daria certo com meu ex-marido'."[5]

Qual é a teologia desses programas? Peterson ressalta que Deus é uma das diversas entidades espirituais comparáveis; Ele está com a natureza, ou talvez, faça parte dela. No final das contas, ninguém é responsável pelo que acontece no mundo. Como explica a mulher que, em *Jovens Bruxas,* tem uma loja de suprimentos de feitiçaria: "A magia não é boa nem ruim; é as duas coisas, porque a natureza é as duas coisas". As dimensões espirituais são apresentadas como algo poderoso, mas se a pessoa é cuidadosa e tem boas intenções, pode se servir delas de certo modo para o bem. "Não há senso de que uma entidade espiritual seja tão maligna ou tão santa que seria nesciamente imprudente ter algo a ver com ela."[6]

"Em tal cenário", escreve Peterson, "não é surpreendente que a redenção esteja ausente. Em todos estes programas, as pessoas boas não precisam ser redimidas e as pessoas ruins não podem ser." Os bons precisam apenas ser recompensados, e os maus castigados. "Não há perdão, não há graça e não há possibilidade de mudança."[7]

Talvez possamos entender melhor por que estes filmes são tão fascinantes. Muitas jovens se identificam com o estado de terem sido abusadas ou pelo menos maltratadas pelos homens. Considerando que os homens vão abandoná-las — prossegue o raciocínio —, a única relação duradoura com bons resultados é a amizade com mulheres. Além disso, tornar-se bruxa com o poder de lançar feitiços e descarregar o ódio é um modo convidativo de vingar-se do gênero masculino. A justiça humana diz que os homens estão tendo o que merecem.

Numa época em que os lares estão em desordem e os homens abusam das mulheres, é fácil ver por que estes programas tangem uma corda emocional. Apenas imagine o quanto tudo isso pode ser atraente para adolescentes abusadas que sentem ter de se proteger das feridas deste mundo ligando-se a um poder maior que elas.

Peterson conclui: "Longe de desafiar a devoção humana ao consumismo, sexo, violência e satisfação individual, a feitiçaria é apenas mais um modo de ter o que se deseja, e ter agora".[8] Anton LaVey, fundador da igreja de Satanás, disse: "Esta é uma religião muito egoísta. Cremos na ganância, no egoísmo, em todos os pensamentos sensuais que motivam o homem, porque este é o sentimento natural do homem".[9]

Dê uma olhada nos canais de televisão se tiver dúvida de que os filmes estão entremeados com rituais e referências ao ocultismo. Milhões de adolescentes, com muitos adultos, ficam intrigados, depois curiosos e, finalmente, atraídos por algum tipo de envolvimento. Satanás não joga por nenhuma regra, por isso impõe suas trevas em todo aquele que se aproxima do seu reino. Sinais reveladores de quem foi afetado pelo ocultismo são mudanças de humor, introspecção mórbida e isolamento. Nosso Inimigo trabalha com mais ousadia quando estamos sós, concentrados em nosso interior e curiosos sobre as trevas. E quanto mais nos intrometemos em seu território, mais impotentes ficamos em voltar.

Astrologia

A torre de Babel foi destruída por causa de astrologia. Deus se irou com as pessoas, quando elas observaram atentamente as estrelas para ler a sorte e o futuro. Entretanto, isso não acabou com a fascinação do homem por esta prática ocultista. Séculos mais tarde, Deus furiosamente escarneceu dos babilônicos por confiarem na astrologia.

> *Deixa-te estar com os teus encantamentos e com a multidão das feitiçarias em que trabalhaste desde a tua mocidade, a ver se podes tirar proveito ou se, porventura, te podes fortificar. Cansaste-te na multidão dos teus conselhos; levantem-se, pois, agora, os agoureiros dos céus, os que contemplavam os astros, os prognosticadores das luas novas, e salvem-te do que há de vir sobre ti. Eis que serão como a pragana, o fogo os queimará; não poderão salvar a sua vida do poder da labareda; ela não será um braseiro, para se aquentarem, nem fogo, para se assentarem junto dele. [...] Cada qual irá vagueando pelo seu caminho; ninguém te salvará (Is 47.12-14,15b).*

Disque este número e ganhe uma consulta mediúnica de graça! Todos já ouvimos e vimos comerciais na televisão de pessoas que lêem tarô. Há testemunhos de pessoas cujas vidas foram mudadas, porque falaram com alguém que pôde lhes prever boa sorte e má sorte, romances iminentes e oportunidades vocacionais. E, graças à ingenuidade humana, conseguiram tirar proveito do conhecimento ocultista.

Claro que, uma vez ou outra, esses "profetas" acertam. Quem faz muitas predições não errará todas as vezes. Há médiuns que vêem o futuro até onde o Diabo pode; outros são somente charlatões. De qualquer forma, Deus não é entretido.

A astrologia é uma abominação, porque deixa de lado Deus na busca da sabedoria. Tábuas de Ouija, horóscopos, adivinhos e outras práticas semelhantes violam este princípio básico. São armadilhas com forte atração que levam os imprudentes em submissão aos fenômenos ocultistas controlados pelo Inimigo.

Harry Potter: Ler ou não Ler?

E quanto à série de histórias fantásticas *Harry Potter*? Dizem que estes romances de ficção de J. K. Rowling representam o "maior triunfo da história da publicação". Alguns cristãos que inicialmente se opuseram aos livros mudaram de opinião depois que leram a série. O argumento é que é possível o escritor usar temas ocultistas como dispositivo literário sem promover o ocultismo. Certamente Tolkien e C. S. Lewis fizeram isso.

HÁ SOMENTE DUAS FONTES DE PODER ESPIRITUAL; HÁ DEUS E HÁ SATANÁS.

Há cristãos que insistem que a feitiçaria em *Harry Potter* é puramente mecânica; quer dizer, usada para criar uma história e ensinar uma lição. Temo que *Harry Potter* se torne o que Mark Filiatreau chamou "ponte da imaginação" ligando as crianças ao perigoso mundo do ocultismo.[10]

Talvez a série *Harry Potter* seja questão de consciência individual, contudo uma rápida pesquisa do material revela que o livro quatro é especialmente tenebroso e violento. Considerando que a feitiçaria é apresentada com um "rosto amigável" ao longo da série, acho difícil ver como essas histórias poderiam ser benéficas às crianças.

Apresento algumas perguntas que podem ser úteis na avaliação do material; creio que elas também ajudarão a distinguir Harry Potter dos escritos de Tolkien e C. S. Lewis.

- A fantasia ensina absolutos ou está baseada em noções relativistas do bem e do mal?
- O mal é apresentado como "o bem" nas histórias?
- Feitiços, maldições e vários "poderes do mal" são usados para vingança?
- A leitura do livro faz o leitor se sentir mais à vontade ou com mais medo do ocultismo?
- É possível quebrar as regras e ainda assim ser herói?
- Depois de ler o livro ou ver o filme, as crianças ficaram mais inclinadas ou menos inclinadas a buscar os poderes e o conhecimento ocultistas?

> O OCULTISMO É MAU, MESMO QUANDO PARECE BOM.

Para obter uma avaliação bíblica e detalhada dos livros de Harry Potter, leia o livro de Richard Abanes, *Harry Potter: O Perigo Oculto do Menino-Bruxo*.[11] Devemos prestar atenção aos sinais de advertência. É perigoso apresentar as crianças ao mundo do ocultismo.

Uma palavra para os pais: Se seus filhos lêem estes livros ou insistem em lê-los, leia os livros com eles e mostre-lhes as diferenças entre a cosmovisão de Harry Potter e a cosmovisão cristã. Ajude-os a entender que esta é uma história que emprega práticas que a Bíblia condena. Melhor ainda, dê-lhes outro tipo de ficção que apresente uma concepção distintamente cristã.

Princípios de Discernimento

Como podemos exercer discernimento neste mundo cheio de ocultismo e espiritualidade indefinida? Pelo motivo de esses poderes serem invisíveis, precisamos de alguns princípios para nos guiar.

Duas Fontes de Poder Espiritual

Já aprendemos que há somente duas fontes de poder espiritual; há Deus e há Satanás. Não há poder neutro da "natureza" ou da "terra-mãe"; não devemos pensar que temos de utilizar o "poder da mente". Todo poder sobrenatural (ou seja, o poder acima do natural) é derivado de uma das duas fontes. Tudo que não está baseado em Deus e na Bíblia é ocultismo e pecador.

A distinção feita entre a nociva "magia negra" e a boa "magia branca" é falsa. Reflita nisto: Se você fosse o Diabo, não deixaria as pessoas usarem seus poderes para propósitos bons se, com isso, pudesse depois enganá-las e prendê-las mais firmemente? Claro que sim. Você lhes daria algo bom para mais tarde lhes dar algo ruim. Não devemos nos esquecer de que o ocultismo é mau, mesmo quando parece bom.

Muitos anos atrás, estava em um programa de televisão com uma bruxa, membro de Wicca, que insistia que as bruxas não têm nenhuma relação com o Diabo. Elas apenas se servem dos poderes da "natureza" e se comprometem em fazer coisas boas com esses poderes, disse ela.

Para sermos justos, temos de destacar que nem todas as bruxas adoram Satanás diretamente. Algumas se opõem a sacrifícios de animais, porque vêem que tudo na natureza é divino. Há bruxas que tentam estar em harmonia com a natureza, desenvolvendo seus poderes psíquicos ocultistas. No entanto, se Satanás é adorado diretamente ou sob o disfarce da natureza, o resultado é essencialmente o mesmo. Só há dois poderes espirituais pessoais no universo: Deus e o Diabo. *Satanás pode ser adorado quando ele não é nomeado.*

Passos Pequenos, Ganhos Grandes

Mesmo passos pequenos, na direção errada, podem levar à armadilha de Satanás. Pelo motivo de sermos curiosos sobre o ocultismo, temos de vigiar nosso coração, nossa mente e nossa casa. O mal fascina; o ocultismo pode atrair nossa mais baixa índole, da mesma maneira que a imoralidade. É por isso que Paulo alista a feitiçaria como obra da carne (Gl 5.20).

> SEMPRE É MAIS FÁCIL DEFENDER O TERRITÓRIO DO QUE RECONQUISTÁ-LO DEPOIS DE TÊ-LO PERDIDO PARA O INIMIGO.

Três homens foram entrevistados para a função de motorista de caminhão. A mesma pergunta foi feita para cada um deles: Até que distância você chegaria perto da beira de um precipício com o caminhão? Um respondeu: "Até quinze centímetros". Outro disse: "Até dez centímetros". O terceiro falou: "O mais longe possível". Este conseguiu o emprego.

Não devemos perguntar até que ponto é possível nos aproximar do ocultismo sem dar a Satanás o direito à nossa vida, mas a que distância podemos ficar longe do seu domínio. Não devemos ler um livro ou ver um filme que "embaralhe nossas idéias". A razão é que a mente é uma substância espiritual que pode estar em contato com Deus ou com o Diabo. Qualquer técnica que busque "esvaziar a mente" é perigosa, pois espíritos malignos andam à espreita, aguardando a oportunidade de enganar e destruir.

Uma Gratificação em Troca de Controle

Satanás lhe dará o que quiser, contanto que no fim você receba o que ele quer. Ele curará seu corpo; lhe dará dinheiro; promoverá a prosperidade de seus negócios, desde que o laço fique um pouco mais apertado. Ele o ajudará a perder peso por hipnotismo; lhe dará sorte através de uma cartomante; fará tudo isso e muito mais se, em troca, ele puder instigá-lo a ter uma "submissão viciadora" ao pecado.

Ele quer nos levar a pensar que podemos ter tudo. Você pode guardar seu dinheiro, buscar seus prazeres e satisfazer seu ego. Você pode aceitar a noção de que tudo que a mente pode crer, pode alcançar. Em troca de sucesso em tal premissa, haverá a subseqüente recuperação de investimento. No fim, nossa vida é desperdiçada, nosso testemunho fica paralisado e nossa relação com Deus se embaça. Satanás nos deixa pensar que ganhamos hoje para que ele exerça mais controle amanhã.

Ignorância não É Desculpa

Só porque alguém não sabe que tentar levitação, jogar cartas de tarô ou consultar uma bruxa é errado não o exime do assédio satânico. Suponha que você é um soldado israelense, que, dando um passeio em uma tarde ensolarada, sem saber, atravessou a fronteira com o Líbano. De nada adiantaria protestar afirmando que não foi culpa sua, visto que não havia marcas de fronteira. Não espere o libanês dizer: "Tudo bem, a linha da fronteira não estava demarcada como deveria, por isso deixaremos você voltar".

O Diabo não joga segundo as regras. Não se pode confiar que ele mantenha limites razoáveis. Considerando que não tem compaixão, ele não nos dá um salvo conduto por ignorância. Não há segunda chance; indubitavelmente não há graça, oportunidade de refazer nossos passos. Quando entramos em seu domínio, só pode haver lutas em nossa vida.

A LIBERTAÇÃO DO PODER SATÂNICO NÃO É UM ATO DEFINITIVO, MAS UM ESTILO DE VIDA.

Aviso: *Nunca nos esqueçamos de que a melhor defesa contra o ocultismo é recusar todo convite de envolvimento com suas muitas propostas.* Pergunte a um general e ele lhe dirá que sempre é mais fácil defender o território do que reconquistá-lo depois de tê-lo perdido para o inimigo. Quem tem filhos deve avisá-los do perigo de querer investigar o que Deus especificamente proibiu. O pecado, não nos esqueçamos, sempre é nosso inimigo, nunca nosso amigo.

Cristo Triunfou

Deus ressuscitou Jesus, "pondo-o à sua direita nos céus, acima de todo principado, e poder, e potestade, e domínio, e de todo nome que se nomeia, não só neste século, mas também no vindouro" (Ef 1.20,21). O maior medo de Satanás é que entendamos que ele é derrotado e que Deus tornou possível sermos arrancados de suas garras. Ele teme a descoberta e a confrontação ousada.

Claro que há esperança para quem se envolveu com algum aspecto da atividade ocultista. Satanás pode retaliar quando procurar se livrar da atividade ocultista, mas você pode se livrar se ficar absolutamente convencido do triunfo de Cristo sobre o reino das trevas.

Mantenha em mente que na cruz Cristo obteve uma vitória decisiva; a Serpente já foi esmagada.

> *[Deus nos perdoou] todas as ofensas, havendo riscado a cédula que era contra nós nas suas ordenanças, a qual de alguma maneira nos era contrária, e a tirou do meio de nós, cravando-a na cruz. E, despojando os principados e potestades, os expôs publicamente e deles triunfou em si mesmo* (Cl 2.13b-15).

Somente quando olhamos para Cristo é que não sentimos medo, pois *Satanás tem tanto poder quanto Deus o deixa ter e nem um pouquinho a mais.*

Tenho de esclarecer que a libertação do poder satânico não é um ato definitivo, mas um estilo de vida. Um ato de renúncia, um momento decisivo de arrependimento não é suficiente. Dependendo do nível e tipo de envolvimento, é possível que você precise de aconselhamento para ajudá-lo a quebrar os laços que o prendem ao lado tenebroso do mundo espiritual.

Na Igreja Moody, onde sirvo, um ministro pregou uma mensagem poderosa sobre o ocultismo e fez uma lista de quarenta pontos de entrada ou práticas que levam a tal escravização. Naquela noite, ele convidou todos que tiveram alguma forma de envolvimento e queriam ser libertos a que ficassem depois do culto para receberem aconselhamento. Cerca de trinta e cinco pessoas ficaram, e, inacreditavelmente, as quarenta das práticas ocultistas estavam representadas (claro que muitas pessoas estavam envolvidas em mais de uma forma de atividade ocultista).

Queime todas as pontes que o levam ao ocultismo. Você tem de assumir a responsabilidade de ficar longe de todas as pessoas e lugares que o levaram ao pecado do ocultismo. É mais difícil do que parece, particularmente se você vive com quem tem propensão em influenciá-lo a voltar às práticas pagãs. Temos esta promessa: "Sujeitai-vos, pois, a Deus; resisti ao diabo, e ele fugirá de vós" (Tg 4.7). Há grande poder no nome de Jesus, mas só para aqueles que se submetem à sua autoridade.

SÓ PORQUE ESTA GUERRA É INVISÍVEL NÃO SIGNIFICA QUE NÃO SEJA REAL.

Arrependa-se deste envolvimento, pedindo que Deus arrebente os laços que ainda o prendem. Esta é uma sugestão de oração: "Pai, eu te agradeço porque pertenço a ti; tu me tiraste da potestade das trevas e me transportaste para o Reino do Filho do seu amor, por isso reivindico essa transferência de autoridade e privilégio. Eu renuncio meu envolvimento com .... e quebro todos os laços com este mal. Eu afirmo que estou 'em Cristo' e que, portanto, não estou mais sujeito a Satanás e seu reino. Hoje te agradeço pela vitória que Jesus comprou para mim. Afirmo que o poder da cruz e da ressurreição me pertence".

Só porque esta guerra é invisível não significa que não seja real. Significa que temos de conhecer adequadamente nosso Adversário e nossas armas e luta. "Filhinhos, sois de Deus e já os tendes vencido, porque maior é o que está em vós do que o que está no mundo" (I Jo 4.4). Graças a Jesus, estamos no lado vencedor.

NOTAS

Porções deste capítulo apareceram em *Seven Snares of the Enemy: Breaking Free from the Devil's Grip* (Sete Armadilhas do Inimigo: Livrando-se das Garras do Diabo), de Erwin W. Lutzer (Chicago: Moody, 2001).

1 Prancheta com alfabeto e outros símbolos para receber mensagens mediúnicas. (N. do T.)

2 Donal P. O'Mathúna, "Postmodern Impact: Healthcare", citado em Dennis McCallum, editor, *The Death of Truth* (Mineápolis: Bethany House, 1996), p. 60.

3 S. N. Dasgupta, *Hindu Mysticism* (Nova York: Frederick Unger, 1927), p. 79.

4 Margaret Kim Peterson, "Weird Sisters", *Books and Culture: A Christian Review*, Março/Abril de 1999, p. 24.

5 Ibid., p. 25.

6 Ibid.

7 Ibid.

8 Ibid.

9 Anton LaVey, citado em *John Ankerberg e John Weldon, The Coming Darkness* (Eugene, Oregon: Harvest House, 1993), p. 94.

10 Mark Filiatreau, "Pokémon, Harry Potter, and the Magic of Story", Breakpoint Online, Prison Fellowship Ministry, acessado em www.breakpoint.org e www.christianity.com.

11 Richard Abanes, *Harry Potter: O Perigo Oculto do Menino-Bruxo* (Alfenas, MG: Editora dos Clássicos, 2002). Recomendo este livro a quem deseja ter uma avaliação equilibrada e bíblica da série *Harry Potter*.

9

QUANDO JULGAR FANTASMAS, ANJOS E SANTUÁRIOS

Como Interpretar o Mundo Espiritual?

Uma vez por ano, por volta do Dia das Bruxas, o jornal *Chicago Tribune* apresenta uma lista e descrição das casas mal-assombradas de Chicago. É claro que também há restaurantes e apartamentos mal-assombrados. Alguns são famosos; outros são apenas lugares comuns que têm espíritos desencarnados. Conversei com pessoas que contam histórias sobre o "velho que morava no andar de cima" ou "a avó que morreu há anos, mas faz visitas regulares". Há "caça-fantasmas" que afirmam que podem descobrir a presença destas criaturas estranhas.

Vários anos atrás, o jornal canadense *Calgary Herald* noticiou que um hotel da cidade era mal-assombrado; pelo menos dois quartos eram habitados por visitantes invisíveis, que apareciam aos convidados. De forma interessante, na mesma semana em que a história estava nos jornais, eu estava hospedado no hotel para fazer uma conferência.

Quando surgiu a oportunidade de fazermos um *tour* pelo hotel, me incluí entre os vários hóspedes que aceitaram a oferta. Mostraram-nos o madeiramento bonito, as instalações caras e os tapetes que vieram de tão longe quanto a Inglaterra. Também nos levaram a uma lanchonete no térreo, onde havia uma escadaria coberta com plantas em vaso.

"Esta escadaria", disse a guia, "não é usada, porque é mal-assombrada." Em seguida, acrescentou que, quando ocorreu o primeiro casamento no hotel, a noiva caiu nos degraus e morreu, e agora seu fantasma aparece. Podemos perguntar às pessoas que trabalham na lanchonete e elas confirmarão que a jovem aparece de vez em quando.

Como explicar este fenômeno? Lembre-se de que quando Jesus expulsou os demônios do homem perturbado, eles pediram permissão para entrar nos porcos, e Jesus lhes concedeu o pedido (Mc 5.13). Quando a pessoa possuída por espírito maligno morre, este espírito precisa se mudar. Este fato parece particularmente verdadeiro no caso de morte violenta, como assassinato ou suicídio. Estes espíritos assumem o nome, imitam as características do falecido e fazem aparições ocasionais sob tais simulacros. Essas entidades (como são chamadas hoje) são espíritos malignos que se apresentam como "fantasmas camaradas".

UMA OPINIÃO ERRADA DO HOMEM LEVA A UMA OPINIÃO ERRADA DE DEUS.

Isto explica que os médiuns que entram em contato com os mortos estão na verdade falando com espíritos malignos que personificam o defunto. Compreensivelmente, a Bíblia os chama de espíritos *familiares*, porque estão *familiarizados* com a pessoa a quem possuem (Is 8.19; na versão inglesa KJV, a expressão também aparece em Lv 19.31; 20.6,27; Dt 18.11; I Sm 28.7). O médium é enganado, pois pensa que a comunicação acontece mesmo com o morto. Quem diz que se comunica com os mortos desconhece o fato de que está na verdade falando com um espírito que só conhecia o morto. Inacreditavelmente, um programa da televisão americana chamado *Crossing Over* ilude hoje milhões de pessoas com a idéia enganosa de que são estabelecidos contatos com os mortos, porque o médium evoca informações verdadeiras sobre o defunto. Os parentes descansam na falsa esperança de que o ente querido está lhes dizendo que está bem, quando na realidade essa pessoa amada pode estar sofrendo no Hades (Lc 16.19-31).

O que quero dizer é que todas as informações sobre a vida depois da morte, que os espíritas ou médiuns dizem, são incertas. Todos os que se voltam para o mundo do ocultismo em busca de conhecimento da vida após a morte ou dizem que se comunicam com os mortos são enganados. Há vida depois da morte, porém não devemos buscar os detalhes com os demônios, cujo deleite primário é confundir e enganar.

Naquele dia em Calgary, perguntei à guia se ela queria uma explicação bíblica para este fenômeno de "fantasmas". Disse-lhe que o espírito da mulher não estava na escada, mas fora para o outro mundo, e que esses espíritos — malignos — tinham se familiarizado com o modo de vida ficando nas proximidades da morte.

Ela disse que preferia a palavra *fantasma* em vez da palavra *espírito* — como Gasparzinho, o fantasminha camarada. No entanto, se os fantasmas são espíritos do lado tenebroso do mundo dos espíritos, nenhum fantasma deve ser considerado inofensivo, mesmo que pareça camarada. Tais espíritos devem ser repreendidos no nome de nosso ressurreto Salvador.

O Surgimento dos Anjos

Atualmente, há programas de televisão dedicados a milagres, a anjos e à espiritualidade de todo o tipo. A fórmula básica da série de televisão *Toque de um Anjo,* conforme declarada pelos produtores, é: "O anjo recebe a missão de cuidar de um ser humano, cuja vida está numa encruzilhada. É neste ponto que o anjo o encontra. O anjo (pelo poder de Deus) faz um milagre para levar a pessoa a um ponto de decisão ou revelação. Ela, por livre e espontânea vontade, implementa a ação que muda sua vida".[1]

Em praticamente todo o episódio, uma pessoa em dificuldades é ajudada; talvez haja uma cura física ou uma barreira emocional a ser vencida. Às vezes, o necessitado está enfrentando uma crise pessoal no casamento ou com os filhos. O que quer que seja, um anjo é usado por Deus para solucionar a situação crítica, provando que há uma dimensão espiritual no mundo e que o Todo-Poderoso está pronto para nos ajudar, enviando anjos a quem menos merece ou nem espera. Cada programa tem um final feliz, já que um problema foi resolvido e a pessoa em apuros venceu as dificuldades, indo para uma nova direção.

Por que contesto esta inofensiva linha de ação?

Tais histórias estão carregadas de teologia; uma teologia cultural que reforça as visões prevalecentes sobre o homem e

Deus. Através de suas representações agradáveis de pessoas em necessidade sendo ajudadas por mensageiros divinos, esta noção lança uma granada no centro do evangelho cristão.

Essas histórias de anjo presumem que as pessoas são basicamente boas, e não pecadoras em tremenda necessidade da graça salvadora de Deus. Isto reforça o mito prevalecente que anuncia que nosso problema não é o pecado, mas um sentimento de desconexão que temos de vencer, uma necessidade de saber como a ajuda de Deus pode ser recrutada. Que bom que um anjo vem ajudar em tempos de crise, e há alívio em saber que pelo menos alguém estabeleceu contato com Deus.

Considerando que uma opinião errada do homem leva a uma opinião errada acerca de Deus, não devemos ficar surpresos que o Deus apresentado pela cultura moderna é um deus que pode ser acessado por qualquer um, a qualquer hora e de qualquer forma. Como Caim que pensou que Deus poderia ser abordado de qualquer modo criativo que a pessoa escolhesse, a cultura popular ensina que a pessoa comum, se tiver bastante boa vontade, pode entrar em contato com Deus sem mediador, sem sacrifício e sem sangue.

"Entretanto", você protesta, "esses programas não afirmam especificamente que são cristãos, mas têm o compromisso de apresentar uma fé genérica, mostrando que há pessoas que crêem em Deus e que os anjos são seres reais, exatamente como a Bíblia diz." Todavia, não podemos deixar de insistir com veemência que estas suposições reforçam um estereótipo cultural destrutivo.

O que faremos com as histórias de anjos, os relatos desses seres que intervêm para ajudar as pessoas?

Nem sempre podemos destacar a diferença entre anjos bons e anjos maus. Estes estão dispostos a fazer tantas concessões quantas possíveis para enganar os imprudentes. Os anjos das trevas se transformam em anjos de luz para que as pessoas se confundam acerca da verdadeira identidade desses seres.

1. *Os anjos maus condescendem em declamar doutrina sólida e evangélica.* Quando Cristo estava na sinagoga em Cafarnaum, encontrou um homem com um espírito imundo que, quando confrontado por Ele, clamou: "Ah! Que temos contigo, Jesus Nazareno? Vieste destruir-nos? Bem sei quem és: o Santo de Deus" (Mc 1.24).

Ainda mais, os demônios confessaram que Jesus era o Filho de Deus. "Que tenho eu contigo, Jesus, Filho do Deus Altíssimo? Conjuro-te por Deus que não me atormentes" (Mc 5.7). Estas são as palavras de um demônio em reação à ordem de Jesus para sair do homem atormentado. Estes demônios poderiam assinar uma declaração evangélica de fé que afirmasse que Cristo era "o Santo de Deus" ou "o Filho do Deus Altíssimo".

Claro que os demônios não fazem tais admissões de boa vontade ou alegremente. Mas quando estão na presença de Cristo, ou tentam enganar as pessoas, eles confessarão doutrina correta. São até capazes de aparecer e citar: "Ouve, Israel, o Senhor, nosso Deus, é o único Senhor" (Dt 6.4), se as palavras enganarem uma de suas vítimas.

2. *Os anjos maus, se possível, duplicam os milagres de Cristo.* Paulo advertiu que Satanás viria com "... todo o poder, e sinais, e prodígios de mentira" (2 Ts 2.9). Os anjos maus farão milagres úteis se puderem e se tais ações servir para

suas metas em longo prazo, isto é, desviar as pessoas da pureza do evangelho de Cristo.

Certo homem que fora curado de uma doença séria, em uma suposta reunião de curas, descobriu que também tinha herdado uma "treva demoníaca", ou seja, um senso persistente de que agora ele tinha uma presença maligna perto dele. Quando repreendeu Satanás, a nuvem emocional e espiritual o deixou, mas a doença voltou. Não deveríamos ficar surpresos pelo fato de ocorrer curas em todas as religiões do mundo. Satanás está pronto a dar algo que parece bom em troca de submissão cega.

Nem sempre nos é possível distinguir o bom do mau. Não é sábio navegar no cenário metafísico sem um mapa, um guia que nos habilite a chamar estes seres angelicais pela designação correta.

3. *Os anjos maus têm todos os poderes essenciais dos anjos bons.* Até onde sabemos, os anjos maus podem fazer muitas tarefas para Satanás que são semelhantes às feitas pelos anjos de Deus. Pense na vitória "impressionante" (embora temporária) que Satanás ganha quando milhões de pessoas confundem a intervenção demoníaca como a intervenção de Deus e seus anjos!

A MENOS QUE A ESPIRITUALIDADE ESTEJA BASEADA NA AUTORIDADE DA BÍBLIA, SEMPRE GERARÁ SUPERSTIÇÕES E UMA GERAÇÃO CRÉDULA.

Lembre-se que a meta de Satanás não é criar tanta miséria quanto possa no planeta Terra; ele quer nos deixar à vontade enquanto mantém em mira suas metas conclusivas. Seu objetivo primário é espalhar falsas doutrinas, reforçar a concepção cultural de Deus. Ele quer que as pessoas acreditem em um Deus benevolente que ajuda todos. É ingênuo dizer, como alguns, que milagres relatados devem ser trabalho de anjos bons, porque os efeitos são bons e benéficos. Temos de dizer com ousadia que milagres "bons" podem ser feitos por anjos "maus".

Mostrando a Diferença

A pergunta é: Como interpretar os salvamentos dramáticos, as curas e as ajudas que pessoas com dilemas desesperadores recebem? O que dizer sobre os relatos de "intervenções divinas" de seres que fazem com que tudo dê certo, independente do que as pessoas acreditam acerca de Cristo? Reflita no seguinte.

1. *Os anjos de Deus recebem tarefas específicas para o povo de Deus.* Eles não são enviados indiscriminadamente a todos os homens e mulheres. "Não são, porventura, todos eles espíritos ministradores, enviados para servir a favor daqueles que hão de herdar a salvação?" (Hb 1.14) A função dos anjos está definida na Bíblia. Se alguma vez os anjos foram enviados para ajudar os que não aceitaram a Jesus e, portanto, "não hão de herdar a salvação", a Palavra de Deus nada relata a respeito.

2. *Os anjos de Deus participam dos atos de julgamento dos não-convertidos.* Às vezes, os anjos são enviados aos não-convertidos, mas somente para julgá-los. De imediato nos vêm à mente os anjos que visitaram Abraão e tiveram a responsabilidade de executar o julgamento em Sodoma e Gomorra. Os

anjos ajudaram Ló a fugir da cidade, porém apenas porque ele era crente em Jeová e, portanto, "justo" (2 Pe 2.7).

Vezes sem conta, no livro de Apocalipse, os anjos estão diretamente envolvidos na execução de julgamentos sobre aqueles que não se puseram sob a proteção do sacrifício de Cristo. Por exemplo, no capítulo 14 há uma sucessão de anjos anunciando julgamento. Um anjo avisa que se alguém adorar a besta, "o tal beberá do vinho da ira de Deus, que se deitou, não misturado, no cálice da sua ira, e será atormentado com fogo e enxofre diante dos santos anjos e diante do Cordeiro" (v. 10). Logo depois, outro anjo anuncia o iminente julgamento e um outro o executa.

Leia cuidadosamente: "E saiu do altar outro anjo, que tinha poder sobre o fogo, e clamou com grande voz ao que tinha a foice aguda, dizendo: Lança a tua foice aguda e vindima os cachos da vinha da terra, porque já as suas uvas estão maduras!" (v. 18) Preste atenção ao que este anjo faz.

"E o anjo meteu a sua foice à terra, e vindimou as uvas da vinha da terra, e lançou-as no grande lagar da ira de Deus" (v. 19). Mais adiante no livro, um anjo convida "as aves que voavam pelo meio do céu" a comer "a carne dos reis... dos tribunos... dos fortes... dos cavalos e dos que sobre eles se assentam..." (19.17,18), agora que Deus os destruiu em julgamento.

Nem é preciso dizer que a série *Toque de um Anjo* não apresenta anjos que vêm fazer juízo sobre os maus. Esses anjos hollywoodianos sempre estão fazendo boas ações, mesmo para pessoas que podem não ser particularmente religiosas; até para aquelas que pensam que Jesus foi um Mestre e não um Salvador.

A menos que a espiritualidade esteja baseada na autoridade da Bíblia, sempre gerará superstições e uma geração crédula. Já ouvimos falar de aparições de Elvis, e agora que a princesa Diana se tornou um ícone internacional, ouvi que também há aparições dela. O famoso espírita Emanuel Swedenborg reconheceu a dificuldade de diferenciar anjos bons de anjos maus. Depois de anos de espiritismo, ele escreveu:

> Quando espíritos falarem com um homem, ele deve ter o cuidado de não acreditar em nada do que dizem; porque eles falam quase qualquer coisa, [...] contam tantas mentiras, com afirmação solene, que um homem ficaria surpreso. [...] Se um homem ouve e crê, eles pressionam, enganam e seduzem de [muitas] formas.[2]

Em outro lugar, Paulo adverte: "Mas, ainda que nós mesmos ou um anjo do céu vos anuncie outro evangelho além do que já vos tenho anunciado, seja anátema" (Gl 1.8). Anjos não são de confiança como fonte de revelação, porque podemos estar ouvindo os anjos errados!

MILAGRES EM SANTUÁRIOS

Já ouviu a história que Maria apareceu em 1858 a Bernadete, uma garotinha interiorana, na cidade de Lourdes? "Ela era", afirmou a garota, "uma menina de branco não maior que eu." Maria tinha nas mãos um rosário de ouro e branco, e sorriu quando disse: "Eu sou a Imaculada Conceição". É interessante mencionar que quatro anos antes (1854), a Igreja Católica aceitou oficialmente como dogma a "Imaculada Conceição", quer dizer, a opinião de que a própria Maria nasceu de uma virgem e, portanto, sem pecado.

Em 1990, Nancy Fowler, da cidade de Conyers, Estado da Geórgia, declarou que Maria tinha lhe visitado na casa de sua fazenda situada a cerca de cinqüenta quilômetros a leste de Atlanta. "O futuro não traz preocupações para quem de fato busca a Deus e verdadeiramente o ama e permanece em seu favor", contou ela para a multidão. Durante quatro anos Nancy entregou a mesma mensagem no dia treze de cada mês. Depois, anunciou que Maria apareceria somente uma vez por ano, no dia 13 de outubro. A multidão foi aumentando ao longo dos anos até que ela predisse que em 1998 ocorreria a última aparição de Maria na fazenda. Diante de uma multidão de cem mil pessoas Nancy fez uma leitura de uns trinta minutos.[3]

Tais visões, deve-se observar, não foram endossadas pela Igreja Católica local, contudo pessoas provenientes de lugares tão distantes quanto o México continuavam visitando. Muitos afirmaram que foram curados ou ajudados ao se reunir nesse local. E mesmo quando a ajuda não era diretamente evidente, alguns participantes disseram que se sentiram bem, mais em contato com o seu eu espiritual em conseqüência da visita.

O que dizer sobre os milagres que dizem ter ocorrido em Lourdes? Muitos que participaram afirmam que a experiência os capacitou a aceitar a própria doença, porque ali encontraram pessoas em estado pior do que eles. E quem trabalha no santuário fala que as pessoas que conheceram e as oportunidades de servir os outros mudaram sua perspectiva sobre o que é verdadeiramente valioso na vida. Apesar do comercialismo óbvio, muitos testemunham que a atmosfera é de devoção religiosa, amizade sincera e paz no meio das multidões curiosas.

Mesmo os observadores mais devotos admitem que somente pequena porcentagem das centenas de milhares de doentes que vão a Lourdes experimenta cura de algum tipo. Pelo menos 90% dos que buscam a cura voltam sem o benefício. (Tenho certeza de que a porcentagem não é diferente dos curandeiros de fé no meio protestante.)

Para crédito da Igreja Católica, os milagres não são oficialmente aceitos sem provas. O Subsecretário na Congregação do Vaticano para as Causas dos Santos investiga os milagres, porque pelo menos um ou dois é necessário para que alguém seja declarado santo. A teoria é que um santo, depois da morte, estará ativo na terra, respondendo orações e persuadindo Deus a ajudar os sofredores que estão no mundo. Um comitê consulta peritos médicos para determinar se houve realmente um milagre em resposta às petições feitas no nome do santo falecido.

Interessante dizer que a Madre Teresa de Calcutá, que morreu em 1997, recebeu um rito de santidade mais curto, porque dois milagres lhe foram atribuídos. Pelo que o povo comenta, um ocorreu nos Estados Unidos, onde uma francesa quebrou várias costelas em um acidente de carro e foi curada, segundo notícias, quando usou no pescoço um medalhão da Madre Teresa. No outro milagre, uma menina palestina que tinha câncer foi aparentemente curada depois que a Madre Teresa lhe apareceu em sonho e disse: "Filhinha, você está curada".[4]

O Comitê Médico Internacional para o Santuário em Lourdes também avalia provas de milagres. Visto que todos os milagres no santuário são atribuídos à intercessão de Maria, este comitê não é criticado sobre o procedimento de fazer santo. De acordo com a revista *Time*, nenhum milagre foi aprovado desde 1989. À medida que a ciência médica e a psicologia descobrem explicações racionais para mais curas, fica cada vez mais difícil dizer se algo foi milagre.[5]

Claro que pode haver curas de algum tipo que não são oficialmente classificadas como milagres. Médicos franceses freqüentemente recomendam uma viagem a Lourdes para quem tem uma doença terminal, sabendo que esta é a última esperança e que a fé na cura tem efeitos psicológicos benéficos. Mesmo assim, o número de pessoas desapontadas é incalculável. Claro que muitos que não são curados não culpam a Virgem, mas a si mesmos — se ao menos tivessem mais fé; se ao menos tivessem feito mais boas ações; se ao menos tivessem sido mais fiéis ao rezar o rosário. Não importa, quanto mais alta a esperança, mais profundo o desespero.

A BÍBLIA NÃO SANCIONA MILAGRES FEITOS POR QUALQUER PESSOA OU POR QUALQUER DEUS.

A quem ou a que atribuir os milagres que alguns dizem que lhes aconteceram em Lourdes ou em outros santuários? Primeiramente, não podemos subestimar o poder da sugestão. As pessoas que fazem a migração acreditam que serão curadas, que sua fé as ajuda. Muitas doenças são psicossomáticas; quer dizer, são induzidas ou perpetuadas pela influência da mente. Lourdes pode mudar a disposição da mente e, por conseguinte, também a disposição do corpo.

Os milagres em Lourdes são muito mais semelhantes às curas relatadas pela fé da Ciência Cristã. Pesquisei livros publicados por este grupo religioso, lendo um relato de cura após o outro. Entretanto, na maioria dos exemplos, os milagres podem ser explicados psicologicamente; não podemos descartar o poder da mente para vencer as doenças do corpo.

Em segundo lugar, mesmo que admitamos que o número de milagres é muito maior que o oficialmente confirmado, muitas curas são incompletas. Se pensamos que Maria faz estes milagres imediata e completamente, estamos enganados. Quando um médico quis saber por que a Virgem se contentou em curar uma ferida na perna da criança, mas não todo o pé deformado, a resposta dada foi que a cicatriz na perna era um testemunho permanente da grandeza do milagre. Eles dizem que muitos milagres são feitos parcialmente para que as pessoas curadas permaneçam em "grata recordação do benefício recebido".[6]

Em contraste, sempre que Jesus ou os apóstolos realizavam um milagre no Novo Testamento, faziam-no completa e inteiramente. É inconcebível que Deus interviesse e curasse um pé machucado, mas deixasse a perna dilacerada sem ser curada.

Em terceiro lugar, em Lourdes todos são convidados a serem curados, independente de suas crenças doutrinárias e pouco importando de qual religião ou sentimento religioso pertencem. À primeira vista, isto pode parecer vantajoso; afinal de contas, Maria está de braços abertos a todos, sem distinção. Acredita-se que os benefícios de Maria são propriedade comum do mundo inteiro, a despeito de religião ou deus a que a pessoa sirva.[7] É uma mensagem que se encaixa com a tolerância dos dias de hoje.

Mas espere.

Se Maria está de braços abertos a todos, independente do deus que eles adoram, então não temos razão para pensar que esses milagres são feitos por Deus através de Cristo. Os milagres no Novo Testamento foram feitos por Jesus e pelos apóstolos que entendiam que Cristo era o único caminho para Deus e que, portanto, esses milagres deviam ser feitos "em seu nome". Quando Pedro encontrou o mágico Simão que "tinha iludido a gente de Samaria" (At 8.9), Pedro o confrontou diretamente. Simão tentou comprar o direito de fazer milagres maiores — milagres do calibre de Pedro —, mas o apóstolo respondeu: "Tu não tens parte nem sorte nesta palavra, porque o teu coração não é reto diante de Deus. Arrepende-te, pois, dessa tua iniqüidade e ora a Deus, para que, porventura, te seja perdoado o pensamento do teu coração; pois vejo que estás em fel de amargura e em laço de iniqüidade" (At 8.21-23). Doutrina apropriada e coração reto diante de Deus são essenciais para quem deseja fazer milagres.

Não negligenciemos o fato de que quando os israelitas adoravam a deusa pagã Istar, a quem chamavam "Rainha dos Céus" (Jr 7.18; 44.17-25), eles insistiam que foi ela quem lhes deu colheitas e comida. Tiveram até a audácia de dizer: "Mas, desde que cessamos de queimar incenso à Rainha dos Céus e de lhe oferecer libações, tivemos falta de tudo e fomos consumidos pela espada e pela fome" (Jr 44.18). *Os israelitas estavam convencidos de que suas orações a uma deusa pagã estavam sendo proveitosas; pensavam que estavam em melhor situação por causa da falsa adoração.*

Deus não teria nada que ver com isso e lhes disse que tal adoração era uma abominação. Mas preste bem atenção a este ponto: É possível beneficiar-se com falsas adorações; é possível afirmar ter recebido milagres de provisão e ajuda. Contudo, tais "milagres" não justificam doutrinas erradas. Não esqueça que nossa única esperança de interpretar os milagres corretamente envolve um estudo cuidadoso do contexto doutrinário em que eles ocorrem. É curioso observar que esta adoração a Istar conseguiu entrar na cristandade, pois Maria é chamada "A Rainha dos Céus".

No livro *Milagres de Todo Dia,* Dan Wakefield relata que sua investigação sobre milagres o levou a muitos santuários e muitas religiões diferentes. Ele descobriu que todas as religiões têm seus milagres. O budismo narra histórias de "Tara que cura as pessoas. [...] [Em] tempos de desespero, você pode invocá-la e ela atende e vem socorrer".[8] Os hindus têm visões, encontros, rituais e milagres. Wakefield cita que o jornal *Washington Post* noticia que o poder da oração está ganhando validade na recuperação dos doentes. Interessante destacar que, independente de religião ou deidade, os efeitos benéficos são mais ou menos os mesmos.[9] É óbvio que precisamos de discernimento bíblico nesta era de milagres.

A Bíblia não sanciona milagres feitos por qualquer pessoa ou por qualquer deus. Dizer que não importa em que a pessoa creia é dizer que não importa em nome de quem ela é curada. Já vimos que mesmo quem fez milagres em nome de Cristo foi excluído do céu, porque não entendeu sua necessidade de redenção (Mt 7.21,22). Tenho de repetir: *Nem tudo o que é milagroso é de Deus.*

Em viagem de avião, conheci um grupo de peregrinos que se dirigia à Europa para visitar os diversos lugares onde ocorreram as "aparições de Maria". Eles insistiam que estas aparições e os milagres adjuntos de forma nenhuma depreciavam os milagres de Jesus. Que Jesus faça seus milagres, e que sua mãe faça os dela.

Mas a questão não é tão simples assim.

Primeiramente, ao contrário dos protestos católicos, esta procura pelas aparições milagrosas de Maria depreciam os milagres de Cristo e o evangelho. É verdade, acho, que milhões de pessoas afluem aos santuários de Maria com mais esperança, antegozo e confiança do que quando abrem a Bíblia.

Visitei o santuário de Guadalupe, no México, e vi multidões andando de joelhos sangrando por centenas de metros, chegando ao santuário com a esperança de obter o favor da Virgem Maria. Muitas são mulheres com crianças nos braços, esperando apaziguá-la. No México, uma forma de cristianismo combina bem com superstição e lendas pagãs.

Talvez pudéssemos argumentar que este não é o verdadeiro catolicismo, mas um catolicismo que está misturado com superstições pagãs. Contudo, é interessante declarar que o catolicismo oficial não condena estas crenças e práticas heréticas. O papa fez uma missa no santuário em 1999 sem proferir uma única palavra de repreensão à superstição, paganismo e comercialismo que caracterizam o local.

Em segundo lugar, visto que estas curas, se ocorrem, entram na mesma categoria das curas da Ciência Cristã ou do *Movimento Nova Era*, temos de levantar a possibilidade de que Satanás pode estar em ação, fazendo o que pode para enganar, mesmo que seja praticar o "bem".

Sabemos que Satanás pode aparecer na forma que o esperam. Se você for católico, ele aparecerá como Maria; se for protestante, aparecerá como Jesus; se for hindu, aparecerá como Krishna. Para resumir, ou os milagres estão baseados em Cristo e na Bíblia ou se originam no mundo do ocultismo, com suas fraudes e demônios.

A própria Igreja Católica reconhece a possibilidade de fraude. Não podemos fazer melhor que aceitar o conselho de Inácio de Loyola que, quando consultado sobre um jovem que afirmava que apareceram milagrosamente em suas mãos as feridas de Cristo, disse que estas marcas (os estigmas) "podem igualmente ser obra do Diabo ou obra de Deus".[10] Concordo.

Afinal de contas, há somente dois "operadores de milagres" no universo. E a menos que sigamos o ensino das Sagradas Escrituras, podemos ser enganados por milagres que vieram do outro lado do mundo espiritual. Doutrina certa e motivos certos são o mínimo que temos de procurar para aceitar os milagres de Deus.

NOTAS

Porções deste capítulo aparecem em *Seven Convincing Miracles: Understanding the Claims of Christ in Today's Culture* (Sete Milagres Convincentes: Entendendo as Afirmações de Cristo na Cultura de Hoje), de Erwin W. Lutzer (Chicago: Moody, 1999).

1 *Citizen*, Dezembro de 1997.

2 Emanuel Swedenborg, citado em John Ankerberg e John Weldon, *The Facts on Channeling* (Chattanooga: John Ankerberg Evangelistic Association, 1998), p. 8.

3 *Chicago Sun-Times*, 14 de outubro de 1998.

4 *Chicago Sun-Times*, 1 de março de 1999.

5 "Modern Miracles Have Strict Rules", *Time*, 10 de abril de 1995, p. 74.

6 B. B. Warfield, *Counterfeit Miracles* (Londres: Banner of Truth, 1918), p. 108.

7 Ibid., p. 124.

8 Dan Wakefield, *Expect a Miracle* (San Francisco: Harper, 1995), pp. 30,31.

9 Ibid., p. 20.

10 Inácio de Loyola, citado in Warfield, *Counterfeit Miracle*, p. 85.

10

QUANDO JULGAR COMPORTAMENTO

Podemos Chegar a um Acordo quanto ao que É Certo e Errado?

Os cristãos diferem na questão do comportamento.

Nunca nos esqueçamos de que determinadas coisas são sempre erradas: Sempre é errado quebrar a Lei de Deus; sempre é errado conformar-se com o mundo; sempre é errado permitir que palavras prejudiciais saiam de nossa boca; sempre é errado entristecer o Espírito Santo; sempre é errado satisfazer nossos apetites sensuais. A lista é infindável.

Por outro lado, há coisas que sempre são certas: Sempre é certo amar uns aos outros; sempre é certo fixar nosso afeto nas coisas de cima e não nas da terra; sempre é certo ser cheio do Espírito Santo; sempre é certo ser honesto e respeitar as pessoas.

No entanto, há determinadas questões que são difíceis de classificar em categorias como certas ou erradas; pecaminosas ou não pecaminosas. Há coisas que são questão de consciência. Na Europa, os cristãos habitualmente bebem vinho ou outras bebidas fermentadas; eles ficam surpresos que muitos de outras partes do mundo acreditem em abstinência total. Há alguns que argumentam que dada a maldição do alcoolismo, é melhor não tomar um único gole. Porém, outros contrapõem que se pode fazer mau uso de qualquer coisa — inclusive de comida. Assim, as discordâncias proliferam.

Houve um tempo em que ouvíamos do púlpito que o cristão jamais deveria ir ao cinema; contudo hoje, para o bem ou para o mal, muitos cristãos não vêem problemas em freqüentar tais lugares habitualmente. Houve uma época em que os cristãos nunca deveriam trabalhar no domingo, mas hoje não reparamos os pais de família cujos turnos de trabalho os impedem de comparecer à igreja no domingo. A lista do que se pode ou não fazer varia de cultura em cultura, de época em época.

Como resolver estas diferenças?

Sei bem que ao debater tais assuntos, estou andando em campo minado. A característica mais distintiva de um campo minado é que as minas estão escondidas. Estou correndo o risco de inesperadamente pisar em uma mina, mas temos de nos lembrar de que o campo minado de um é a proteção do outro. Caminhemos, então, juntos por este capítulo.

Todos somos propensos a universalizar nossas próprias convicções pessoais; queremos tornar absoluto o que deveria ser relativo. Pensamos que porque temos certo tipo de música e estilo de culto, todos deveriam fazer da mesma maneira. Ficaríamos chocados se soubéssemos como é diferente a forma como as pessoas cultuam em outras partes do mundo;

algumas cultuam de modo contido, ao passo que outras, com liberdade, cantando e dançando. Somos fechados em nossa própria cultura muito mais do que percebemos. Todavia, sempre queremos absolutizar nossas preferências pessoais.

A outra tentação é relativizar o pecado. Há a tendência de tornar o pecado aceitável reduzindo os absolutos a normas e perspectivas culturais. Quando agimos assim, rebaixamos os padrões em vez de consolidá-los em princípios bíblicos sadios. Sempre deveríamos procurar o equilíbrio entre os perigos do legalismo e os perigos da demasiada liberdade.

> NO FUNDO, LEGALISMO É QUESTÃO DE CORAÇÃO E MOTIVO.

Um terceiro problema é que tendemos a definir a espiritualidade em termos do que não fazemos. Gostamos de listas de regras de comportamento, porque elas nos ajudam a definir o conteúdo da vida cristã. Alguns americanos ainda se lembram do que se costumava dizer: "Não beba, dance, ou masque fumo, nem mesmo saia com garotas que façam isso!" Há pessoas que ainda pensam que a prova de conversão é aceitar as "regras" certas.

Quem cumpre as regras — mesmo as mais rígidas — é legalista? Talvez sim, talvez não. Legalismo é o uso errado de leis ou regras. Se cumpro as regras pensando que isto me torna religioso, então, sim, sou legalista. As regras podem me afastar de certos pecados seletos; o que elas não podem fazer é me oferecer justiça. As regras não me levam a amar a Deus ou me empenhar por santidade. Jesus tentou fazer com que os fariseus vissem que as regras não podem atingir o coração.

Aqui em Chicago há uma região da cidade com 160.000 habitantes. Ninguém bebe uma gota de licor; ninguém fuma;

ninguém dança; ninguém vai ao cinema. Fiz menção disso a um amigo, e ele quis visitar esta parte da cidade, talvez até se mudar para lá. Disse-lhe que um dia isso pode acontecer. A área da cidade é o Cemitério Colina das Rosas! Aqueles que definem a vida cristã pelo que eles *não* fazem apenas não estão entendendo o essencial.

Entretanto, as regras — mesmo as negativas — têm valor. Elas nos mantêm afastados de certos pecados seletos. Fico contente por regras que me preservaram de determinados pecados durante minha mocidade, e criamos nossos filhos com muitos dos mesmos padrões. Há muitas coisas que não é sensato fazer; outras, são completamente erradas. Há valor no "Não", como os Dez Mandamentos nos lembram.

Não sejamos críticos de quem cumprem regras; eles podem ser legalistas, mas não necessariamente. Jesus não se importava com o fato de os fariseus cumprirem regras (ainda que algumas fossem além dos ditames da Bíblia), porém Ele se entristeceu com o fato de que, de repente, eles pararam de desenvolver a intimidade com Deus.

Para certas pessoas, este capítulo parecerá que está lidando com assuntos triviais. Contudo, quando você é membro da família de Deus e quer agradar ao Senhor, até pecados triviais são importantes. Temos de agradar ao Senhor e trabalhar uns com os outros, e isso não é tarefa pequena. Voltemo-nos à Bíblia para discutir o que se pode ou fazer, e tentemos chegar a um acordo concernente aos princípios, se não quanto ao comportamento específico. Duas pessoas podem cumprir as mesmas regras: uma faz legalistamente, porque acredita que as regras definem sua relação com Deus; a outra cumpre as mesmas regras, mas faz sabendo que o ponto importante é cultivar seu relacionamento com Deus. No fundo, legalismo é questão de coração e motivo.

Regras de Comportamento

Na Roma do século I, alguns convertidos ao cristianismo tinham herança judaica, ao passo que outros foram convertidos do paganismo. Certos conversos estavam convencidos de que as leis dietéticas do Antigo Testamento deveriam ser cumpridas; outros aceitavam a nova revelação de que tais exigências eram coisa do passado. Paulo lhes escreveu para dar princípios e esclarecimentos que até hoje nos são pertinentes. Ele disse que às vezes pode haver dois pontos de vista legítimos e que temos de aceitar uns aos outros e tentar conviver bem.

Não se Julguem uns aos Outros

"Ora, quanto ao que está enfermo na fé, recebei-o, não em contendas sobre dúvidas. Porque um crê que de tudo se pode comer, e outro, que é fraco, come legumes" (Rm 14.1,2). Como resolver isso? Paulo continuou: "O que come não despreze o que não come; e o que não come não julgue o que come; porque Deus o recebeu por seu" (Rm 14.3). Aqueles que entendiam a nova revelação de Deus sobre a liberdade das leis dietéticas (quer dizer, os que eram fortes) não deveriam julgar os que não se sentiam livres para comer carne (os que eram fracos).

Aqueles que tinham liberdade neste assunto, Paulo os considerou *fortes*; os que sentiam necessidade de obedecer às regras antigas eram os *fracos*. Se estivéssemos lá, poderíamos ter visto esta situação de maneira bastante diferente. Provavelmente, teríamos dito que quem adere aos antigos padrões judaicos era o cristão forte e quem tinha liberdade para comer qualquer coisa era o cristão fraco. Tacitamente, presumimos que o cristão que tem a liberdade de desfrutar certas atividades é o fraco, ao passo que o cristão forte é a pessoa que acredita que tal liberdade é sujeição ao mundo.

Paulo disse que o oposto era verdade. Os cristãos fortes percebem que atividades moralmente neutras não devem ser categoricamente proibidas. Os cristãos fracos multiplicam tabus, ainda pensando que a vida espiritual é conformar-se ao conjunto certo de "o que não se pode fazer". Em Roma, os cristãos fortes podiam comer carne com uma consciência sem culpa; os cristãos fracos não podiam.

O que Paulo quer ensinar é que nem o fraco nem o forte devem julgar o outro. Quem se considera forte, não julga quem é fraco. Quem vai ao cinema não deve julgar quem se recusa a ir; mas quem se recusa a ir não deve julgar quem vai — a menos, claro, que estejamos falando sobre um filme picante que nenhum cristão deva ver. O ponto é que o cinema em si é neutro; portanto, tem de haver liberdade de ação ou expressão sem julgamento. O irmão forte entende que o cinema em si não é nada, mas ele não deve julgar o irmão mais fraco que acredita que sua presença naquele lugar seria uma concessão ao mundo.

> HÁ LUGAR PARA DIFERENÇAS NA CASA DE DEUS.

Suponhamos que você, com outras pessoas, fosse um empregado em uma casa. Seria sua responsabilidade julgar o desempenho de seus colegas? Não. Paulo escreveu: "Quem és tu que julgas o servo alheio? Para seu próprio Senhor ele está em pé ou cai; mas estará firme, porque poderoso é Deus para o firmar" (Rm 14.4). Em seguida, Paulo explica o que ele quer dizer fazendo uma ilustração com o sábado. Depois que os judeus foram salvos, eles não puderam descontinuar o hábito de observar o sétimo dia da semana em lugar do primeiro (domingo). Qual foi a resposta de Paulo? Ele continuou: "Um faz diferença entre dia e dia, mas outro julga iguais todos os dias. Cada um esteja inteiramente seguro em seu próprio ânimo" (Rm 14.5).

Você pode assistir a uma partida de futebol no domingo? Se dissermos que está certo assistir ao futebol pela televisão, mas que não devemos assistir a um jogo no domingo, então ficaremos presos a um monte de distinções excessivamente minuciosas. A questão na verdade é de consciência individual, e não devemos julgar os outros acerca do assunto. Nosso Senhor pode permitir que um de seus filhos participe e outro não. Diante de seu próprio Senhor você está em pé ou cai.

Não deveríamos, então, nos preocupar acerca de o domingo ser desvalorizado por causa de jogo, compras e viagens? Deveríamos, pois ainda que adoremos a Deus todos os dias, o domingo é um dia especial, quando nos reunimos com o povo de Deus. Mas a resposta não é fazer uma regra que se ajuste a todos os cristãos! A resposta é ensinar as pessoas a amar a Deus mais do que amam o jogo. E amar o povo de Deus mais do que amar fazer compras ou o que quer que seja.

Paulo diria que qualquer dia que escolhamos, sábado ou domingo, como nosso dia especial, temos de cultuar para a glória de Deus; qualquer dieta que adotemos, temos de comer para a glória de Deus. Se isso é nossa motivação, então não nos julguemos uns aos outros. Há lugar para diferenças na casa de Deus.

Não Faça seu Irmão Tropeçar

"Assim que não nos julguemos mais uns aos outros; antes, seja o vosso propósito não pôr tropeço ou escândalo ao irmão" (Rm 14.13). Paulo ainda repete este ponto com maior clareza alguns versículos mais adiante: "Não destruas por causa da comida a obra de Deus. É verdade que tudo é limpo, mas mal vai para o homem que come com escândalo. Bom é não comer carne, nem beber vinho, nem fazer outras coisas em que teu irmão tropece, ou se escandalize, ou se enfraqueça" (Rm 14.20,21).

O que significa pôr uma pedra de tropeço no caminho do meu irmão?

Consideremos uma controvérsia ligeiramente disdinta da que Paulo confrontou na Igreja em Corinto. Esta cidade era um centro de adoração pagã e permissividade sexual. Parte da adoração pagã incluía comer carne oferecida aos deuses. O sacerdote tomava a carne trazida pelos adoradores e a punha no altar. Depois, era levada ao mercado e vendida por menor valor que o mesmo tipo de carne que viera diretamente do matadouro. Quando os pagãos se tornaram cristãos, eles perceberam que os ídolos não eram nada, portanto esta carne não estava de todo profanada. Mas havia cristãos que eram fracos na fé. Eles se lembravam de ter adorado esses deuses pagãos, e sentiam que se comessem a carne que fora oferecida a essas deidades, este ato os envolveria em sua antiga idolatria. Para eles, comer a carne oferecida a ídolos era o mesmo que se sujar.

> ENTÃO, O QUE SIGNIFICA FAZER MEU IRMÃO TROPEÇAR?

Imagine as discordâncias.

"Não acredito que você come carne que foi oferecida a Zeus."

"Quem? Zeus? Ele não é nada, só um ídolo de pedra."

"É, mas por trás desses ídolos estão os demônios."

"Concordo, mas agora sou seguidor de Jesus. Ele toma o que pertencia aos deuses pagãos e o santifica para mim."

Um cristão acusaria o outro de falta de separação do mundo; o outro diria que tal acusação era nada mais que estreiteza de visão. Paulo disse que os cristãos têm liberdade neste assunto, porém isso não significa necessariamente que os cristãos devam exercer essa liberdade mesmo que tenham entendimento (isto é, a compreensão de que um ídolo não é nada). Só porque alguns crentes tinham o conhecimento de que podiam comer carne, não significava que *deveriam* comer carne. Era verdade que Deus declarara todas as comidas limpas, mas visto que havia cristãos que acreditavam que comer era uma concessão ao paganismo, Paulo escreveu: "Mas vede que essa liberdade não seja de alguma maneira escândalo para os fracos" (I Co 8.9).

Então, o que significa fazer meu irmão tropeçar? Não significa que nunca devemos fazer algo que outro cristão não goste! Cristo muitas vezes disse e fez coisas que escandalizavam as pessoas — até os próprios discípulos. Se Ele estivesse preocupado em não causar escândalo aos fariseus, não teria curado pessoas no sábado, nem teria comido com publicanos e pecadores. Estas ações suscitaram a raiva desmedida de grupos religiosos exclusivos, todavia mesmo assim Ele as fez.

Para Paulo, causar escândalo significava fazer algo que fizesse o irmão cair de volta ao seu antigo modo de vida pecaminosa. Imagine que o irmão mais fraco é convidado à casa de um irmão mais forte que serve carne. O mais fraco pergunta se a carne foi oferecida aos ídolos, e o mais forte responde: "Foi". Agora o irmão mais fraco acredita que está sendo atraído de volta às suas anteriores associações com os deuses pagãos. Um irmão pôs o outro em situação difícil, na qual ele tem de ser descortês ou violar a consciência. Paulo diz: "Não faça isso".

Embora a ilustração a seguir pareça trivial, descrevo-a porque fui testemunha pessoal. Certo homem, que passava o tempo livre jogando e bebendo junto a uma mesa de sinuca, converteu-se inteiramente a Cristo. Meses depois, foi convidado à casa de um casal cristão que tinha uma mesa de sinuca no porão. O novo cristão ofegou quando viu a mesa; não dava para acreditar que os cristãos jogassem sinuca, que, em sua mente, era pecado. O cristão mais velho ficou surpreso com a reação do novo amigo. O que tinha de errado em jogar sinuca? A resposta, claro, é nada. Mas seria pecado ele insistir que o novo cristão jogasse. Na realidade, seria melhor não jogar do que forçar o irmão a fazer concessões com suas convicções.

Se beber vinho tenta meu irmão a voltar ao alcoolismo, se convidá-lo a uma partida de futebol reaviva nele a obsessão que ele outrora tinha por jogos, se assistir a um filme no cinema o leva de volta à sua vida de prazer sensual, então não devo fazer estas coisas, mesmo que eu tenha liberdade de fazer: "Pelo que, se o manjar escandalizar a meu irmão, nunca mais comerei carne, para que meu irmão não se escandalize" (I Co 8.13).

Não somos responsáveis apenas por nós, mas uns pelos outros.

Não Viole a Consciência

Paulo prossegue com suas instruções à Igreja em Roma. "Tens tu fé? Tem-na em ti mesmo diante de Deus. Bem-aventurado aquele que não se condena a si mesmo naquilo que aprova. Mas aquele que tem dúvidas, se come, está condenado, porque não come por fé; e tudo o que não é de fé é pecado" (Rm 14.22,23). Este princípio se aplica igualmente ao fraco e ao forte. O irmão fraco não deve fazer nada que não seja feito por fé, mesmo se for uma atividade inofensiva. Nem o irmão forte deve fazer algo em que não acredite que seja certo e bom para ele. Se algo viola sua consciência, *não faça.*

> NÃO É DEUS QUE EXISTE PARA NÓS; NÓS É QUE EXISTIMOS PARA DEUS. TUDO TEM A VER COM ELE E NÃO CONOSCO.

Considerando que a consciência é ajustada pelo ambiente, há pessoas que se sentem condenadas por fazer as coisas mais triviais. Com o tempo, elas podem começar a aceitar a revelação de Deus quanto à liberdade cristã sobre um ponto em particular. Até que isso aconteça, tal pessoa está pecando se não puder fazer estas coisas com uma consciência sem culpa. E o irmão forte não terá uma consciência sem culpa se estiver fazendo outro crente tropeçar.

No entanto, Paulo registra: "Mas tu, por que julgas teu irmão? Ou tu, também, por que desprezas teu irmão? Pois todos havemos de comparecer ante o tribunal de Cristo. De maneira que cada um de nós dará conta de si mesmo a Deus" (Rm 14.10,12).

Como aprendemos, há ocasiões em que temos de julgar, mas certifiquemo-nos de primeiro nos julgar a nós mesmos. E tenhamos certeza de que não estamos violando nossa consciência.

Não Sirva a Si Mesmo, mas a Deus

No capítulo seguinte, Paulo dá o quarto princípio que precisamos seguir. "Ora, o Deus de paciência e consolação vos conceda o mesmo sentimento uns para com os outros, segundo Cristo Jesus, para que concordes, a uma boca, glorifiqueis ao Deus e Pai de nosso Senhor Jesus Cristo. Portanto, recebei-vos uns aos outros, como também Cristo nos recebeu para glória de Deus" (Rm 15.5-7).

Para viver de forma que glorifique a Deus significa que transcendemos as regras; tal motivação transcende o legalista, que quer que a vida cristã seja reduzida a uma série de regras de comportamento, e o cristão farisaico cuja liberdade o levou à licenciosidade. Eis um princípio que expõe nosso coração e se torna a base de todo comportamento.

Você fala que tem a liberdade de ir ao cinema? Se for, certifique-se de assistir somente aos filmes que o ajudem a glorificar a Deus. Você tem a liberdade de assistir à televisão? É melhor que assista apenas aos programas que o ajudem a glorificar a Deus. E todos devemos estar preparados para desligar a televisão, quando os programas a que assistimos já não estão nos ajudando a glorificar aquEle a quem amamos e servimos. Não é Deus que existe para nós; nós é que existimos para Deus. Tudo tem a ver com Ele e não conosco.

UM CRISTÃO É MUITO MAIS DO QUE UM PECADOR DESPROVIDO DE SEUS PECADOS.

Você declara que tem a liberdade de jogar profissionalmente no domingo? Então, é melhor que o faça para a glória de Deus e tenha a força de vontade de mudar de profissão se ela interfere em agradar aquEle que o resgatou. Se você diz que tem a liberdade de dançar, faça-o para a glória de Deus e esteja preparado para abandonar esta arte quando não puder mais fazê-la.

Você tem a liberdade de usar a Internet? Use-a para glorificar a Deus e feche a página antes de começar a ver material que já não o glorifique. É ao Senhor que servimos.

Considere nosso exemplo: "Mas nós que somos fortes devemos suportar as fraquezas dos fracos e não agradar a nós mesmos. Portanto, cada um de nós agrade ao seu próximo no que é bom para edificação. Porque também Cristo não agradou a si mesmo, mas, como está escrito: Sobre mim caíram as injúrias dos que te injuriavam" (Rm 15.1-3).

Porque também Cristo não agradou a si mesmo.

Quando vivemos por este padrão, aprendemos que o cristianismo não é questão de regras, mas de *relacionamento*. O que se pode ou não fazer são somente os primeiros passos no aprendizado de que algumas coisas são erradas. Quanto mais próximo vivemos do Senhor, mais percebemos que até atividades neutras se tornam pecados quando ocupam tempo e gastam energia que poderiam ser usados para valores eternos. Assim que formos entendendo este conceito, seremos mais hesitantes em julgar os outros, porque veremos com maior nitidez nossas próprias falhas e pecados.

Por fim, se vivêssemos por este princípio, veríamos a total impossibilidade de prosseguir na vida cristã! A pureza que Deus deseja ficaria tão indistinta, que só seríamos propelidos a Deus por habilidade sobrenatural. Distinções insignificantes perderiam a importância em comparação às mais significativas questões de honestidade, um afeto profundo por Deus e o fruto do Espírito. Nos sentiríamos impotentes, moralmente fracos e inadequados. Teríamos uma perspectiva nova que tornaria nossa dependência de Deus uma necessidade para permanecer na vida cristã.

Cristo não nos prendeu em uma armadilha para sermos bons, enquanto os outros podem se divertir! Suas restrições nos foram dadas para mostrar mais sutilmente a necessidade que temos de Deus; mas é nosso relacionamento com Ele que importa. Um cristão é muito mais do que um pecador desprovido de seus pecados. Não admira que Jesus tivesse dito que veio nos dar vida e dar com abundância.

Se você e eu fôssemos presos por sermos cristãos, haveria muitas provas para nos condenar? Esta é o primeiro requisito para o comportamento cristão genuíno!

11

QUANDO JULGAR CARÁTER

Quais São as Marcas da Integridade?

Talvez você tenha ouvido falar no nome Richard Dortch, que era o sócio de Jim Bakker, durante o famoso escândalo de meados dos anos oitenta. Dortch, que tentou subornar Jessica Hahn, a mulher com quem Bakker teve um caso, acabou indo para a prisão. Dortch era um bom homem que tomou sob influência uma decisão insensata no esforço de salvar um ministério. Mais tarde, ele escreveu um livro chamado *Integrity: How I Lost it and my Journey Back* (Integridade: Como a Perdi e a Consegui de Volta).[1]

A integridade é mais bem descrita que definida. Há muitos usos da palavra na Bíblia. Por exemplo, Deus disse que Jó era homem íntegro. Depois que os seus filhos morreram, lemos que o Senhor disse a Satanás: "Observaste o meu servo Jó? Porque ninguém há na terra semelhante a ele, homem íntegro e reto, temente a Deus e que se desvia do mal. Ele conserva a sua integridade, embora me incitasses contra ele, para o consumir sem causa" (Jó 2.3, ARA). Jesus era reconhecido como pessoa de integridade. Quando os fariseus enviaram seus discípulos para que apanhassem Jesus em alguma armadilha, começaram dizendo: "Mestre, sabemos que és íntegro..." (Mt 22.16, NVI)

No entanto, a integridade está desvalorizada: Uns 70% de estudantes universitários dizem que trapaceiam — se é que disseram a verdade ao perito em sondar a opinião pública![2] Estamos fartos de ouvir dizer que a sociedade precisa imprescindivelmente de integridade, mas de algum modo sempre achamos que é algo que os outros devem ter.

Queremos que os políticos a tenham.
Queremos que nossos filhos a tenham.
Queremos que as empresas a tenham.
Queremos que as escolas a tenham.
Queremos que os líderes de nossa igreja a tenham.

Stephen Carter, no livro *Integrity* (Integridade), defende que esta é talvez "a primeira entre as virtudes, porque [...] em certo sentido antecede a todas as outras; as demais coisas que pensamos importam muito pouco se não temos integridade essencial, a coragem de nossas crenças, e a disposição para agir e falar em favor do que é certo".[3]

Integridade, segundo Carter, é algo muito específico e requer três etapas: a) *discernir* o que é certo e o que é errado; b) *agir* baseado no que foi discernido, mesmo a custo pessoal; e c) *dizer abertamente* que a ação é feita com base no que a pessoa entendeu sobre o que é certo a partir do que é errado.[4] Em outras palavras, o íntegro não deve ter vergonha de viver desta maneira. Isto é muito difícil, por causa de nosso desejo natural em conformar-se. Contudo, quanto mais abertos formos sobre nosso compromisso com a integridade, mais motivados seremos em viver segundo nossos padrões.

A palavra *integridade* é derivada da mesma raiz latina do vocábulo *inteireza*, um "número inteiro". A palavra transmite o significado de totalidade, completude; somos pessoas íntegras, quando somos pessoas inteiras, como números inteiros que não são divididos. E isto inclui a idéia de "a serenidade da pessoa que confia no conhecimento de que está vivendo justamente".[5] Warren Wiersbe graceja: "Deus quer fazer números inteiros; Satanás quer fazer frações".[6]

> SOMOS CHAMADOS PARA FAZER UM SULCO RETO E PERFEITO EM UM MUNDO TORTO E ENVIESADO.

Há diferença entre caráter (integridade) e reputação. D. L. Moody disse que caráter é o que o homem é na obscuridade. Infelizmente, nossa geração acha difícil distinguir caráter de reputação; esta é apenas o que parece importar em nossa geração indiferente. Todavia, o caráter é mais importante que a reputação. As pessoas podem prejudicar sua reputação, mas não podem prejudicar seu caráter. Lemos em Provérbios: "A integridade dos retos os guia; mas, aos pérfidos, a sua mesma falsidade os destrói" (Pv 11.3, ARA).

A Integridade e a Comunidade Evangélica

Charles Colson tem razão quando nos lembra que muitas pessoas tomam uma resolução acerca do evangelho baseado em nosso estilo de vida. Todos conhecemos pessoas que nos dizem que foram "desligadas" pela igreja, em virtude de falta de integridade ou por farisaísmo hipócrita. Não precisamos rememorar os escândalos envolvidos com pessoas de destaque ocorridos nos anos oitenta para testemunhar a perda de integridade dentro da igreja cristã.

Estes são alguns exemplos de como perdemos nossa integridade:

- Quando uma organização cristã levanta fundos para um projeto, porém os usa para outros fins.
- Quando uma carta de pedido de doações exagera a história para que fiquemos sensibilizados (a sabedoria convencional diz que só as pessoas sensíveis enviam dinheiro!) e também exagera a capacidade de a organização lidar com o problema. Pense somente em quantas cartas recebemos que dão a impressão de que se enviarmos dinheiro para um propósito estaremos lutando com sucesso por um mundo melhor, ou mais crente, etc. Talvez haja proveito em apoiar tais organizações, mas se suas afirmativas fossem verdadeiras, teríamos mais êxito em promover o impacto dos grupos mencionados.
- Quando editores cristãos são mais estimulados pelas vendas do que pelo valor (integridade) dos seus produtos.
- Quando pastores, evangelistas e líderes exageram em demasia o tamanho das reuniões, o número de convertidos e os benefícios do seu ministério.
- Quando as igrejas estão mais preocupadas com o crescimento numérico do que com as possíveis concessões pelas quais tal crescimento foi alcançado.

- Quando ministros sempre pregam sobre os aspectos positivos da fé cristã, mas nunca instruem as pessoas sobre a ira de Deus, o inferno e o arrependimento.
- Quando uma tradução da Bíblia muda o significado das Escrituras para se ajustar ao espírito da época.
- Quando toleramos o pecado franco entre os membros da igreja e recusamos discipliná-los.
- Quando vemos abusos, falsos mestres e falhas de integridade, mas permanecemos silenciosos por medo de "sermos envolvidos" ou de nos tornarmos malquistos.

Se é verdade que Deus honra a integridade, devemos nos esforçar em favor desta virtude mesmo a grande custo pessoal. Se os cristãos não forem conhecidos pela integridade, é duvidoso que sejam conhecidos por outra coisa. A integridade está no centro de famílias fortes; é o fundamento de ministérios eficazes e de nosso testemunho ao mundo. Somos chamados para fazer um sulco reto e perfeito em um mundo torto e enviesado.

A despeito de todas as falhas da Igreja, ainda é melhor fazer parte de um corpo local de crentes do que se excluir da comunhão e ficar sozinho. Afinal de contas, a Igreja é o único plano de Deus para representar o evangelho no mundo. Cito Warren Wiersbe mais uma vez: "Prefiro ser um cristão que luta em uma igreja imperfeita do que ser um pecador perfeito fora da igreja".[7]

No entanto, temos de perguntar: Para agirmos com veracidade e inteireza, que padrão temos de usar? Muitas pessoas têm integridade, mas somente a definida pelos próprios padrões tortuosos, ou de acordo com suas consciências inativas. Thoreau tinha razão quando disse que a disposição de alguém morrer por uma causa não o torna correto. Para que não nos avaliemos por nós mesmos, precisamos achar um padrão de medida mais objetivo pelo qual a integridade seja julgada.

Em Salmos 15.1 estão registradas estas perguntas: "SENHOR, quem habitará no teu tabernáculo? Quem morará no teu santo monte?" Em seguida, vem a descrição do homem a quem Deus recebe, aquele a quem Deus dá a permissão de subir ao monte do Senhor e ser-lhe agradável.

Estas características são fáceis de praticar entre os que compartilham nossa visão de integridade, porém muito difícil de praticar no mundo dos negócios. A honestidade é fácil se você trabalha com pessoas honestas que são abençoadas com a graça da integridade. Entretanto, tenho um amigo que trabalha como gerente de uma concessionária de automóveis, cercado por trapaças, logros, tapeações e mentiras. Todos os dias ele tem de encarar as perguntas: *Até que ponto estou disposto a mostrar minha integridade? Que preço estou pronto a pagar de quem me supervisiona e de quem eu supervisiono?* Integridade é difícil em um mundo escasso dessa qualidade. Ser íntegro tem seu preço.

CARACTERÍSTICAS DA INTEGRIDADE

Não podemos fazer melhor do que percorrer pelo Salmo 15, parando o suficiente para identificar e contemplar o estilo de vida de quem tem o tipo de integridade que agrada a Deus.

O Íntegro Fala a Verdade

"O que vive com integridade, e pratica a justiça, e, de coração, fala a verdade; o que não difama com sua língua, não faz mal ao próximo, nem lança injúria contra o seu vizinho" (Sl 15.2,3, ARA). Sob quais condições o íntegro fala a verdade? Ele fala a verdade mesmo que lhe custe algo.

O íntegro fala a verdade mesmo quando ela o diminui. Talvez tenha de confessar um passado de pecados; ou quem sabe tenha de falar a verdade sobre o que aconteceu no trabalho. Ele fala a verdade mesmo que outras pessoas fiquem sob luz favorável. Ele fala a verdade quando tem de fazer uma confissão à sua esposa.

O íntegro fala a verdade mesmo que, ao dizê-la, ela o envergonhe. Recentemente soube de um líder cristão que, quando acusado de ter um caso na Internet, negou-o — até que lhe foram apresentadas provas. Nossa propensão em esconder o pecado é tão grande que é quase impossível falar a verdade sobre nós mesmos para nós mesmos, quanto mais para os outros!

O íntegro fala a verdade mesmo quando ela o prejudica. Há muitos anos aqui, em Chicago, um treinador de beisebol perdeu o jogo porque mostrou que o batedor do seu time, depois de correr para completar o circuito das bases, não tocou a terceira. O jogador ficou lívido, porque o juiz não havia notado a infração; mas para este treinador, verdade era verdade, honestidade era honestidade.

O íntegro fala a verdade mesmo quando ela o acusa. Conheço um homem que disse que se machucou no trabalho, quando na verdade se machucou em um acidente de caça. Ele receberá aposentadoria por invalidez pelo resto da vida. Quando um ministro visitante lhe disse que tinha de confessar à empresa que o aposentou, ele respondeu: "Você acha que quero ir para a cadeia?"

No entanto, há coisas piores que a cadeia: uma é não termos comunhão com o Deus vivo, por não termos coragem de confessar nosso pecado. O homem de integridade preferiria ir para a prisão que ter o pecado na consciência que o exclui da bênção de Deus.

Todos devemos orar: "SENHOR, livra a minha alma dos lábios mentirosos e da língua enganadora" (Sl 120.2). E a integridade perdida pode nos ser restaurada se lembrarmos: "O que encobre as suas transgressões nunca prosperará; mas o que as confessa e deixa alcançará misericórdia" (Pv 28.13).

O Íntegro Honra as Amizades

Quem vive com integridade "não difama com a sua língua, nem faz mal ao seu próximo, nem aceita nenhuma afronta contra o seu próximo" (Sl 15.3). Alguém disse: "Se quer descobrir quem são seus amigos, cometa um erro grave e público". Alguns logo fugirão para se proteger, ao mesmo tempo em que negarão ter qualquer relacionamento estreito com você. Contudo, seus verdadeiros amigos se levantarão por você. Para o íntegro, a reputação do seu amigo é muito mais importante que a própria. Bem-aventurados os que honram as amizades.

Eis um enredo que acontece tantas vezes que certamente é uma história que está ocorrendo no momento em que você está lendo este livro. Uma pessoa é demitida de suas responsabilidades em uma organização; talvez seja despedido do quadro de funcionários da igreja ou da diretoria de um ministério paraeclesiástico. Pode ser que lhe pediram que saísse por incompetência, desonestidade ou questões morais. Ou quem

> PESSOAS ÍNTEGRAS NÃO SE FAZEM PARECER MELHOR DO QUE SÃO.

sabe ele não tem a combinação certa de aptidões e, portanto, não é a pessoa mais apropriada para o trabalho.

Somente o pastor ou seu assistente sabe de todas as razões pela demissão, mas quem quer que o tenha despedido precisa permanecer calado. Ele não quer danificar a reputação de quem foi despedido, nem lhe machucar a família ou transtornar-lhe o futuro. Pode-se confiar que o líder é pessoa íntegra que guardará para si os detalhes sórdidos.

O empregado despedido sabe que pode contar com a discrição do pastor/empregador, que não "dirá toda a verdade" sobre a razão de ter sido despedido. Agora ele é livre para dar a razão que quiser por sua dispensa; pode despertar simpatia e prejudicar o líder tanto quanto puder, o qual ficou sozinho para reunir os pedaços que sobrou. O empregado despedido talvez nem conte à esposa toda a história de sua saída do cargo. Ele tem a liberdade de contar parte da verdade, toldar a verdade ou compor a "verdade" como queira. Ele pode se fazer parecer tão bom quanto desejar, ao mesmo tempo em que faz o líder parecer mau. Não há muito que se possa fazer quanto a isto.

Se o líder tiver integridade, ele assumirá a difamação e não tentará se justificar; aceitará este lado ruim da liderança e administrará a crítica como puder. Se o empregado despedido tivesse integridade, teria falado bem da decisão, quer tivesse ou não concordado com ela. Ele também poderia ter incentivado as pessoas a continuarem contribuindo para o ministério. Em suma, poderia ter enfrentado a situação com coragem, sabendo que Deus usa as injustiças para nos aperfeiçoar. Alguém disse sabiamente: "Seus amigos podem levá-lo até o seu potencial; mas somente seus inimigos podem levá-lo além disso". De qualquer modo, pessoas íntegras não se fazem parecer melhor do que são.

Integridade!

O Íntegro Cumpre as Promessas

Davi prossegue em sua descrição do homem íntegro: "... aquele a cujos olhos o réprobo é desprezado; mas honra os que temem ao SENHOR; aquele que, mesmo que jure com dano seu, não muda" (Sl 15.4). *Mesmo que jure com dano seu, ele não muda!*

Pensamos imediatamente nas juras matrimoniais. Os votos não dizem: "Eu amarei você enquanto você continuar me dando a satisfação que mereço". Ou: "Eu amarei você até encontrar alguém que seja mais compatível com minha personalidade". Por mais tragicamente necessário que seja o divórcio, o fato é que não podemos acompanhar o fim de um casamento sem lamentar. Temos de chorar a perda de integridade quando, por qualquer que seja a razão, os votos tão solenemente tomados são mais tarde quebrados.

Uma promessa é mais que uma frase cheia de palavras. Uma promessa é uma declaração sobre como a pessoa pretende viver e o que pretende fazer. Temos de admitir que as promessas, às vezes, insinuam condições. "Eu vou tomar o café da manhã com você" significa que estarei lá, no demais não haverá diferença. Não diríamos que é falta de integridade a pessoa que, por diversas razões válidas, não pode marcar um horário para se encontrar com alguém. Mas quem não tem integridade usa qualquer desculpa para evitar um compromisso. Alguns assumem um compromisso de um tipo ou de outro, mesmo sabendo que não podem ou não vão cumprir o que prometeram.

Você confia nas pessoas para guardar um segredo? Em sua maioria, você pode confiar, se isso não afetar o ego delas. Porém, em geral, mesmo quem você pensa que tem integridade não cumpre a promessa se, ao falar, puder se beneficiar. As pessoas não mantêm a palavra se a história aumentar a "auto-estima" delas. Ou se forem acusadas falsamente e ao contar o segredo ficarem sob luz favorável, não espere que cumpram a palavra. Nosso desejo de nos proteger é tão forte que fazemos exceções sempre que nos for conveniente.

Alternativamente, as pessoas ficarão em silêncio, chegando a trair os amigos, se o que falarem lhes prejudicar. A diretoria de uma igreja em que um jovem pastor, amigo meu, pastoreava, pediu que ele visitasse um fazendeiro rico que tinha grande influência na comunidade. Ele ia à igreja uma vez ou outra e a sustentava financeiramente. Os membros da diretoria pediram de forma específica que o jovem pastor perguntasse ao homem se ele era salvo. "Não sabemos qual é a situação espiritual dele", disseram.

O pastor visitou o homem e, talvez ingenuamente, lhe perguntou: "Você é salvo?" O homem ficou lívido e disse que se sentiu insultado pelo pastor. O homem ofendido compareceu à próxima assembléia da diretoria, levantou-se e declarou: "Este pastor teve a coragem de me perguntar se eu era crente. O que acham que devemos fazer a esse respeito?" Depois, sentou-se.

Profundo silêncio.

O homem se levantou de novo: "Acho que deveríamos lhe pedir que deixasse o cargo". Terminada a votação, o pastor foi despedido — e nem um dos integrantes da diretoria da igreja se levantou para o defender! Só o porteiro que ouvira a reunião pelo alto-falante do andar de baixo abraçou o pastor e lhe disse que sentia muito pelo que tinha acontecido. O pastor saiu da igreja e andou vários quilômetros na chuva, não acreditando no que tinha acontecido. Não é de surpreender que ele nunca tenha voltado a pastorear. Nem um irmão, membro da diretoria, se levantou para o defender ou explicar que ele fora visitar o homem sob as ordens deles!

Onde está a integridade?

O Íntegro se Recusa a Tirar Vantagem dos Outros

O homem íntegro "não empresta o seu dinheiro com usura, nem recebe subornos contra o inocente" (Sl 15.5). Estas palavras não têm o significado de que ele aceita subornos contra alguém que não é inocente. Não, o texto revela que se trata de uma pessoa que não tira vantagem dos outros. Ele não subirá o preço apenas porque pensa que pode se dar bem.

A lei do Antigo Testamento que regulamenta que não devemos cobrar usura (chamamos de juros) não tem nada que ver com nosso costume atual de receber juros por investimentos feitos. Se lhe empresto dinheiro que o ajuda a ganhar dinheiro, tenho o direito de receber um retorno do meu investimento. O que Deus quer dizer é que era injusto receber usura dos pobres, que não têm a chance de ganhar dinheiro com dinheiro. Não devemos tirar vantagem uns dos outros.

Ainda podemos encontrar integridade se procurarmos com determinação. Certo cristão incentivava missionários e obreiros cristãos a comprar ações em mineração, porque havia fortes evidências de que o preço subiria. E subiu mesmo. Mas quando a mina desmoronou, as ações também, e muitas pessoas perderam dinheiro.

O que este crente fez? Legalmente, ele não tinha a obrigação de fazer nada. Todos sabem que quando investimos no mercado de valores há a possibilidade de perder dinheiro. Contudo, este irmão — que Deus o abençoe! — liquidou todos os seus ativos e pagou a todos que tinham investido no mercado. Eis um homem que não pode ser comprado nem vendido; um homem que fez mais do que a obrigação no interesse de ser piedoso, em vez de ser dirigido por egoísmo. Contraste esta conduta com o famoso escândalo da Enron ocorrido em 2002, e veremos que semelhante integridade é realmente rara.

O Íntegro não Está à Venda

Os peritos nos falam que todo o mundo está à venda. Ofereça bastante dinheiro, e as pessoas jogarão fora a integridade por certo preço. É por isso que somos prevenidos: "Compra a verdade e não a vendas; sim, a sabedoria, e a disciplina, e a prudência" (Pv 23.23).

Você está à venda?

Conta-se a história de um homem que disse a uma mulher: "Você dormiria comigo por cinqüenta mil dólares?" Ela pensou um instante e disse: "Por cinqüenta mil dólares?... Sim, acho que dormiria". Em seguida, perguntou: "Você faria por cinqüenta dólares?" Ela, então, muito indignada, respondeu: "O que pensa você que sou?" Ele respondeu: "Já sabemos o que você é; agora estamos apenas acertando o preço".

Que sejamos conhecidos por não estarmos à venda. Por certas coisas vale a pena ser despedido; por outras vale a pena perder a herança; por outras vale a pena ir para a cadeia; e ainda por outras vale a pena fracassar na faculdade. Felizes os que têm a verdade e não a vendem por preço algum.

O provérbio popular que diz: "É a vida!", não é verdade. Os mártires ao longo da História da Igreja nos diriam que há certas coisas pelas quais vale a pena morrer. Felizes os que não amam a vida mais que amam o evangelho. Felizes os que acreditam que a integridade é mais importante que qualquer coisa que o mundo tenha para dar em troca. Tais indivíduos podem subir ao santo monte de Deus; eles agradam ao Senhor.

A LINHA BÁSICA DA INTEGRIDADE

Há muitas lições que temos de aprender sobre a integridade.

Primeiramente, a integridade é frágil. Se a perdermos, leva muito tempo para obtê-la de volta — se é que a conseguimos. Não é como entornar um balde d'água e voltar a enchê-lo novamente. Ilustração melhor é comparar a integridade a um vaso que cai de uma prateleira e precisa ser juntado e colado. Porém, mesmo depois de ter sido colado, as trincas muito finas ainda mostram onde foi quebrado.

Se você não acredita que a integridade é frágil, tente fazer um negócio com um amigo a quem você trapaceou. Ou procure restabelecer uma relação com sua esposa depois que você lhe mentiu. Contei algo a um amigo que prometeu guardar segredo. Entretanto, ele falou justamente a quem eu não queria que soubesse. Agora, se almoçamos juntos, lhe conto apenas aquilo que outras pessoas podem saber. Barclay cita alguém quando afirma: "Há três coisas que não voltam: a flecha atirada, a palavra falada e a oportunidade perdida".[8]

Em segundo lugar, a perda da integridade começa com pequenas infrações. Muito antes de um pneu estourar, pequenas fissuras foram se desenvolvendo pelo aumento da pressão. O que vemos, quando o veículo sai da estrada, já estava em formação há muito tempo. Da mesma maneira, falhas de caráter ocultas podem levar anos para ficarem perceptíveis. A pessoa pega em atos de desonestidade provavelmente foi desonesta por muito tempo.

Para quem ainda vai casar, dou-lhe um conselho: Se você está saindo com um homem e descobre que ele é desonesto, esteja certa de que você não é a primeira pessoa a quem ele mentiu e nem será a última pessoa a quem ele mentirá. Falhas de integridade podem surgir como ocorrências isoladas, mas são, normalmente, sintomáticas de um padrão de comportamento.

Em terceiro lugar, a restauração da integridade começa com arrependimento. Todos temos lapsos de integridade; quando falhamos, a integridade só pode ser restaurada mediante um exame completo e honesto de nosso coração. Temos de estar dispostos a fazer qualquer coisa para acertarmos inteiramente nossa relação com Deus e os homens. Nunca somos mais semelhantes ao Diabo quando mentimos.

> PRECISAMOS SER PESSOAS DE DISCERNIMENTO, POUCO IMPORTANDO A QUE CUSTO.

Para quem luta com a mentira, dou-lhe uma cura certa para ser liberto deste pecado: No momento em que você for desonesto, confesse imediatamente à pessoa afetada. Pare a conversa no meio da frase e diga: "Acabei de lhe contar uma mentira". Desta forma, acredito que será um modo de treinar seu coração e mente na disciplina de contar a verdade.

O historiador Josefo conta esta famosa história: Quando o general romano Petrônio recebeu ordem de erigir uma estátua do imperador Calígula no Templo em Jerusalém, dez mil judeus protestaram, mostrando a garganta e insistindo que prefeririam morrer a se tornar idólatras. Depois das negociações, Petrônio ficou suficientemente comovido pela coragem desse povo e escreveu ao imperador, dizendo que sua honra não lhe permitiria colocar a estátua no Templo.[9] Aqueles que preferem morrer a fazer concessões às suas convicções religiosas são exemplos reais de integridade, quer concordemos com o que crêem, quer não.

Se desejamos causar impacto duradouro no mundo, se esperamos que Deus abençoe nossos esforços na proclamação do evangelho e na função de "sal e luz", temos de saber distinguir a Igreja do mundo. Precisamos ser pessoas de discernimento, pouco importando a que custo. Na base destes julgamentos acha-se a integridade, a qualidade de caráter que se levanta contra o egoísmo que permeia a cultura. Talvez não possamos fazer melhor que citar as palavras de Jó: "Pese-me Deus em balanças fiéis e conhecerá a minha integridade" (Jó 31.6, ARA).

Clamemos a Deus, pedindo que Ele nos dê o desejo e a capacidade de sermos pessoas verdadeiras nesta sociedade decadente. E, pela graça de Deus, sejamos a Igreja, o Corpo cujo impacto é maior que seus números; o Corpo que tem a mensagem pela qual podemos ser transformados.

Rise up, O church of God!
Have done with lesser things;
Give heart and soul and mind and strength
To serve the King of kings.

Lift high the cross of Christ!
Tread where His feet have trod;

As brothers of the Son of Man
Rise up, O church of God!*

* Levantai-vos, ó Igreja de Deus!
Não vos interessais por coisas inferiores;
Dai o coração e a alma e o entendimento e a força
Para servires ao Rei dos reis.
Erguei bem alto a cruz de Cristo!
Pisai onde os pés dEle pisaram;
Como irmãos do Filho do Homem
Levantai-vos, ó Igreja de Deus! (N. do T.)

Notas

1 Richard W. Dortch, *Integrity: How I Lost It and My Journey Back* (Green Forest, Arkansas: New Leaf, 1993).

2 Stephen Carter, *Integrity* (1996; Nova York: HarperTrade, 1997; Nova York: Basic Books, HarperCollins, 1996), p. 4.

3 Ibid, p. 7.

4 Ibid.

5 Ibid.

6 Warren W. Wiersbe, *The Integrity Crisis* (Nashville: Thomas Nelson, 1988), p. 20.

7 Ibid., p. 11.

8 William Barclay, *The Letter to the Romans* (Edimburgo: St. Andrew, 1965), p. 179.

9 Carter, *Integrity*, p. 15.